辽宁省社会科学规划基金重点项目（项目编号：L17AJY003）

# 基于演化范式的
# 金融危机形成机理研究

陈奇超　著

THE STUDY ON FORMATION MECHANISM OF
THE FINANCIAL CRISIS BASED ON

## EVOLUTIONARY
## PARADIGM

中国财经出版传媒集团

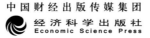

经济科学出版社
Economic Science Press

·北 京·

**图书在版编目（CIP）数据**

基于演化范式的金融危机形成机理研究／陈奇超著.
－－北京：经济科学出版社，2023.9
ISBN 978 – 7 – 5218 – 5189 – 2

Ⅰ. ①基…　Ⅱ. ①陈…　Ⅲ. ①金融危机 – 研究
Ⅳ. ①F830. 99

中国国家版本馆 CIP 数据核字（2023）第 184900 号

责任编辑：宋艳波
责任校对：徐　昕
责任印制：邱　天

**基于演化范式的金融危机形成机理研究**

陈奇超　著

经济科学出版社出版、发行　新华书店经销

社址：北京市海淀区阜成路甲 28 号　邮编：100142

编辑部电话：010 – 88191469　发行部电话：010 – 88191522

网址：www. esp. com. cn

电子邮箱：esp@ esp. com. cn

天猫网店：经济科学出版社旗舰店

网址：http://jjkxcbs. tmall. com

固安华明印业有限公司印装

710×1000　16 开　11.25 印张　200000 字

2023 年 9 月第 1 版　2023 年 9 月第 1 次印刷

ISBN 978 – 7 – 5218 – 5189 – 2　定价：58.00 元

# Preface
# 前言 >>>

    2008 年爆发的美国金融危机是自 20 世纪二三十年代"大萧条"以来最严重的经济危机，它使全世界的经济发生了严重的衰退。2009 年，美国金融危机调查委员会公布了《金融危机调查报告》，认为导致系统性金融危机的首要原因是社会普遍缺失对人性弱点的问责机制。2010 年，C. M. 莱因哈特（Carmen Reinhart）和 K. S. 罗格夫（Kenneth Rogoff）撰写了《这次不一样——八百年金融危机史》一书，将历史上历次金融危机的原因归结到人的本性，书中指出人的贪婪与破坏性的原动力总会在一个时期后突破理性的控制，能量在被破坏性地释放之后，才会回归于相对的宁静与繁荣。本书正是在上述的背景下开始了对金融危机理论的探讨，试图回答这样的问题：导致金融危机的人性的弱点是什么？它们的内在机制又是什么？该如何进行干预？

    本书在研究导致金融危机的人性的弱点及其内在机制的过程中发现，演化范式的思想和方法比较适合研究上述的问题。演化范式主要借鉴达尔文的生物进化思想，并且融合了神经经济学、认知经济学和行为经济学的研究成果，以更接近客观实际的、动态的分析方式来分析和理解经济活动与金融活动，找到经济活动和金融活动的内在机制。演化分析属于模糊分析范畴，它无法准确预测经济系统的运行，也并不试图为经济系统运行轨迹提供定量描述和预测，而是依据生物进化的思想建立一种科学观察和理解经济系统运行逻辑的全新的分析框架。本书尝试基于演化范式来分析金融危机形成的机理，同时基于行为金融学的研究成果，更接近实际地理解金融危机形成的内在机制，并从中找到干预金融危机的办法。用演化范式来分析金融危机是一种很有意义的尝试。

第一章是导论。指出了本书的研究重点、理论价值及现实意义，并指出了研究的具体方法、创新点和不足部分。

第二章是金融危机形成的理论及研究文献述评。首先，以代表金融危机发展进程的四种类型——外债危机、银行危机、货币危机和系统性金融危机为线索，梳理了代表性金融危机形成的理论，并对其不足进行评论。其次，以金融系统层级的四种角度——行为主体、金融工具、金融制度和金融环境为线索，梳理了金融危机形成的研究文献，并对其不足进行了评论。

第三章是演化范式对金融危机形成理论的借鉴。首先，介绍演化范式的由来和发展；其次，介绍了演化范式的基本假设和主要方法，然后介绍了演化范式的分析框架；最后，分析了演化范式在行为主体假设和分析方式上对金融危机形成理论的补充作用。

第四章是金融危机形成机理：演化范式的理论分析。首先，分析金融危机形成的遗传机制，结合经济人假设得出经济和金融活动的生物性基因是行为主体的决策模式，结合丹尼尔·卡纳曼的双系统决策模型（人类的大脑中拥有一个高效的特定的自动决策系统和一个相对低效的普适的受控决策系统共同对信息进行加工与处理）得出行为主体的现实决策模式是双系统决策模式，基于双系统决策模型进一步推出金融危机形成的生物性基因是非理性决策模式，结合纳尔逊和温特的思想得出金融危机形成的社会性基因是非理性决策惯例。其次，分析了金融危机形成的变异机制，结合纳尔逊和温特的思想得出金融危机形成的变异机制就是非理性决策惯例的转型。最后，分析了适者生存的择优进化机制，创建了金融危机形成的演化模型，该模型既反映了金融危机形成的诱致性因素——非理性决策惯例，又反映了金融危机形成的各种影响因素之间相互转换和共同演化的动态循环机制，并按照此模型演绎了金融泡沫形成与金融泡沫崩溃的演化机制和演化过程。

第五章是金融危机形成机理：演化范式的案例分析。本章分别列举了由遗传基因诱致的金融危机不断复制的案例，由基因变异因素诱致的金融危机类型不断变换的案例，由择优进化因素诱致的金融危机救助、纠偏、防范的案例，进一步验证金融危机的演化机理。虽然人类会在每次危机后都会制定新的危机防范措施，但由于存在难以克服的非理性的遗传基因及基因变异，新的金融危机仍会爆发，人们也会不断地积累经验，克服弱点，在防范和应对金融危机中不断发展进化。

第六章是研究结论与对策建议。首先，对金融危机形成的演化分析进行归纳和总结，得出非理性决策模式是诱致金融危机形成的重要因素，非理性决策模式的生物性特征决定了金融危机是不可避免的，非理性决策惯例是非理性决策模式的社会性表现，非理性决策惯例来自金融系统的过度刺激，不同金融系统的刺激方式衍生出不同的金融危机类型，完善稳定的经济和金融制度是防范金融危机形成的有效机制等结论。其次，提出了增加金融活动中非理性决策和行为的预警信号、市场与政府二元调节机制优化组合的制度化解决方案及完善制衡市场和政府非理性决策与行为的金融监管制度等对策建议。

本书的创新点是：第一，建立了金融危机形成的演化分析模型，该模型较好地揭示了金融危机形成的内在机制，反映了金融危机形成的各种影响因素之间相互转换和共同演化的动态循环机制，为更接近实际地理解金融危机形成的动态机制提供了一种可能；同时，以双系统决策模式作为逻辑起点的演化分析模型可以将以"理性人"为逻辑起点的新古典经济学和以"有限理性"或"非理性"为逻辑起点的非主流经济学融为一体。第二，基于双系统决策模型推出了金融危机形成的生物性遗传机制，即非理性决策模式，为金融危机形成的非理性诱致因素找到了更为科学的内在机制；同时，基于非理性决策模式的生物性特点得出金融危机是不可避免的结论，帮助人们正确认识和对待金融危机。第三，提出了增加金融活动中非理性决策和行为的预警信号、市场与政府二元调节机制优化组合的制度化解决方案及完善制衡市场和政府非理性决策与行为的金融监管制度等对策建议。

# CONTENTS
# 目 录

097

## 第五章
## 金融危机形成机理：演化范式的案例分析

## 第一章

# 导　论

从 2007 年 4 月美国的新世纪金融公司宣布破产开始，美国就已经进入了次贷危机（sub-prime mortgage crisis）的轨道，次贷危机逐渐地向全国蔓延，同时危机也逐渐地蔓延到世界范围。全球越来越多的金融机构陷入巨额亏损和破产的"漩涡"中，各国政府纷纷降息和出资挽救金融市场及具有巨大影响的金融机构，但是成效甚微。次贷危机是自 20 世纪二三十年代"大萧条"（great depression）以来最严重的金融危机①。美国金融危机的爆发对金融危机理论形成了巨大的冲击，现有的金融危机形成理论都没有预测到和有效制止金融危机的发生。

2009 年，由美国国会授权的金融危机调查委员会（FCIC）公布了《金融危机调查报告》（以下简称《报告》）。该《报告》指出金融危机发生的首要原因是社会普遍缺失对人性弱点的问责机制。问责机制的缺失导致金融机构和政府部门弱化了对金融风险的敏感与探究精神，忽视了金融危机发生前的种种预警信号，最终使金融风险发展到难以控制的局面。该《报告》认为，这场金融危机是可以避免的。《报告》指出，危机

---

① 《新帕尔格雷夫经济学大辞典》对金融危机的定义为：全部或大部分金融指标——短期利率、资产（证券、房地产、土地）价格、商业破产数和金融机构倒闭数急剧、短暂和超周期的恶化，其特征为基于预期资产价格下降而大量抛出不动产或长期金融资产换成货币，它表现为一国货币短期内大幅贬值，该国金融市场上价格猛烈波动，大批的银行经营困难乃至破产，整个金融体系急剧动荡。

发生前出现许多预警信号，如高风险次级贷款的膨胀、高风险金融产品的急剧增加、掠夺性贷款规模的迅速扩大等，但无论是金融机构还是政府部门都没有采取实质性的行动去规避和遏止风险。尤其是那些充斥整个金融系统的"有毒"抵押贷款的流动，作为法定监管机构的美联储竟然坐视不管，最终使这些"有毒"资产的泛滥严重地削弱了金融系统抵御风险的能力。该《报告》指出，是"金融市场能够自我纠正和自我约束"的这一信念导致全社会纵容了人性弱点的放大和蔓延。①

2010 年，莱茵哈特（Carmen Reinhart）和罗格夫（Kenneth Rogoff）撰写了《这次不一样——八百年金融危机史》。此书的分析建立在海量定量化的图表和数字的基础上，经验分析涵盖了非洲、亚洲、欧洲、拉丁美洲、北美洲及大洋洲的近 8 个世纪以来 66 个国家和地区的金融危机，有 800 年的历史跨度。该书内容涉及的范围很广，论及了外债和内债，也论及了 GDP、通货膨胀、国际贸易，还论及了商品价格、利率和汇率等，此书为观察金融危机提供了一个大跨度、系统性、定量化的视角。此书得出的结论是，"最常谈到和最昂贵的投资建议就是'这次不一样'。在这种建议之后常常伴随着大手大脚的冒险行动。金融专家（更常见的是政府中某些人）认为，人们正做得越来越好，人们会变得更聪明，人们会吸取过去错误的教训。结论是，旧有的估值准则不再适用。社会民众每每都相信，过去的许多繁荣景象都曾造成灾难性的崩溃，但这次不一样，当前的繁荣是建立在坚实的基本面、结构改革、技术创新和良好政策基础之上的"。显而易见，作者将历史上金融危机的原因归结到人的本性，人们总是过于乐观，认为错误不容易再犯，一旦历史重演，就去寻找新的借口。然而，人的贪婪与破坏性的原动力总会在一个时期后突破理性的控制，能量在破坏性地释放之后，才会回归于相对的宁静与繁荣。②

本书正是在这一背景下开始了对金融危机理论的探讨。

---

① 美国金融危机调查委员会. 金融危机调查报告［M］. 俞利军，丁志杰，刘宝成，译. 北京：中信出版社，2012.

② 莱茵哈特，罗格夫. 这次不一样——八百年金融危机史（珍藏版）［M］. 綦相，刘晓锋，刘丽娜，译. 北京：机械工业出版社，2012：3，6.

## 一、问题的提出

为什么历史重复上演着形式不同、本质相似的金融危机？为什么那么多的金融危机形成理论既不能预测也不能应对金融危机？导致金融危机发生和传播的因素有很多，是否有决定性的影响因素？哪一种是决定性的影响因素？这些影响因素是否可以人为地干预？为什么没能干预？如果要改变现状，应该如何干预这些影响因素？这些问题估计每一个经济学家都想弄懂，但是至今又无计可施。《金融危机调查报告》从实际调查中得到的结论与《这次不一样——八百年金融危机史》通过 800 年 66 个代表性国家的金融危机的数据统计分析得到的结论基本上是一致的，那就是金融危机的罪魁祸首就是人性的弱点以及对人性的弱点的孰视无睹。尽管之前有些金融危机理论也阐述了类似的观点，如金德尔伯格（Charles Kindleberger）的《疯狂、惊慌和崩溃：金融危机史》，但是没有这两本书那么"证据确凿"，能引起人们足够的重视。问题的关键是决定金融危机的人性的弱点是什么？它们的内在机制又是什么？该如何进行干预？这是金融危机问题的重点，也正是本书研究的核心问题。之所以历史重复上演着形式不同、本质相似的金融危机，之所以那么多的金融危机形成理论既不能预测也不能应对金融危机，其根本原因是解决不了上述的三个问题。

演化范式主要以达尔文的遗传、变异和选择的生物进化论为基础，在经济系统中找到与生物的遗传基因相似的因素，然后以此建立经济系统和生物系统之间的联系，借用遗传、变异和选择机制来研究经济系统。演化范式对于生物的演化具有较强的解释力，尽管经济的演化更为复杂，但是，其生物性的基础决定了经济的演化也会遵循生物演化规律。马歇尔（Alfred Marshall，1920）曾认为，经济学与生物学更为接近，之所以选择用力学进行类比，是因为生物学比力学更为复杂，用力学作类比是退而求其次的办法。但是，马歇尔强调，要牢记生物学的观点。[①] 因此，

---

① 阿弗里德·马歇尔. 经济学原理（上卷）[M]. 北京：商务印书馆，1981：9.

从进化的角度来理解行为主体的经济行为，进而理解金融危机应该是更接近科学和更接近实际的经济分析方法。演化范式的产生和发展提供了这种分析的可能。演化范式认为经济系统运行无法准确预测，演化分析属于模糊分析范畴，它并不着重于对经济系统进行定量分析和准确预测，而是着重建立一种科学观察和理解经济系统运行逻辑的全新的分析框架。

本书着重于对决定金融危机的人性的弱点及其内在机制进行研究，而演化范式的思想和方法比较适合，因此本书尝试用范式的研究成果和方法对影响金融危机的上述问题进行分析。用演化范式的分析方法来分析影响金融危机的上述问题的文献不多，这种分析是一种很有价值、很有意义的尝试。

## 二、研究的理论价值和现实意义

本书研究的理论意义在于为金融危机发生的根源寻找到又一个可行的解释理论。演化范式在解释路径依赖和企业创新方面具有比较好的效果，并且它还在向各个领域不断延伸，这说明演化的观念和方法越来越适应现代经济发展的需要，并且这种思维方式在科学研究中逐渐具有普适性。由于金融危机是社会和经济现象，社会和经济现象实质上是人的社会和经济活动互相交织作用的结果，人本身又是物理系统、生物系统和社会系统等各种系统的结合体，人的行为受到本能、心理、自然环境和社会环境等各种因素的影响，因此用演化范式分析金融危机的形成更能接近现实，更能够找到金融危机周期性爆发的本质及其内在规律，更有利于从应用层面上为人们对金融危机形成的认识提供更合理的思路和分析框架。

反过来，通过演化范式对金融危机形成的分析，又可以观察到演化范式在阐释金融危机形成方面存在的不足。演化范式的基础是其科学性，演化范式与经济活动的连接是生物基础，如果脱离开生物基础及生物研究的科学性，那么演化分析就容易流于对演化概念的滥用，或只停留在单纯的修辞比喻。因此，对金融危机形成的演化分析同时又是完善演化范式的非常好的实践机会，可以对隐喻词的相似性和差异性有更清楚的认识，更有利于明确和规范演化范式中生物学隐喻的经济学边界，也可以在隐喻表达理念上寻求突破，为演化范式的理论发展作出贡献。

本书的现实意义在于用新构建的演化分析框架不仅可以解释金融危机发生的根源，还可以为我国金融风险的防范提供切实可行的解决方案。我国是正在转型的新兴发展中国家，对计划经济的路径依赖短期内很难消除，这种遗传性的障碍对我国经济与金融的改革发展影响很大，更重要的是这一隐喻理念在社会文化和制度建设中极为欠缺，在经济与金融的改革发展细节中更是得不到重视。通过金融危机形成的演化分析的研究成果不仅可以为我国金融改革和金融风险防范提供理论与政策建议，还可以为政府与社会提供我国经济和金融演化的理念，为全社会对于我国经济与金融改革的互相理解提供帮助，这不仅有利于消除不必要的社会误解和缓解不必要的社会矛盾，也有利于明确经济与金融改革的重点和难点，使经济和金融改革更有效率。同时，在"共同演化"的理念下，也有利于为我国更好地处理好国际关系提供理论上的操作路径和政策上的具体建议。

## 三、研究的目标

因此，本书从演化范式的研究成果和方法出发，建立更接近实际、更接近科学的理解金融危机形成的新的演化分析框架，通过演化分析找到导致决定金融危机发生的人性的弱点，并对其影响金融危机形成的内在机制进行分析，最后以此为依据找到干预这些影响因素的办法。

## 四、研究的内容与框架

第一章是导论。提出了本书的研究重点、理论价值和现实意义，并指出了研究的方法、创新点和不足之处。

第二章是金融危机形成的理论及研究文献述评。首先，以代表金融危机发展进程的四种类型——外债危机、银行危机、货币危机和系统性金融危机——为线索，梳理了代表性金融危机形成的理论，并对其不足进行评论。其次，以金融系统层级的四种角度——行为主体、金融工具、金融制度和金融环境——为线索，梳理了金融危机形成的研究文献，并对其不足进行了评论。

第三章是演化范式对金融危机形成理论的借鉴。首先，介绍演化范式的由来和发展；其次，介绍了演化范式的基本假设和主要方法；再次，介绍了演化范式的分析框架；最后，分析了演化范式在行为主体假设和分析方式上对金融危机形成理论的补充作用。

第四章是金融危机形成机理：演化范式的理论分析。首先，分析了金融危机形成的遗传机制，结合经济人假设得出经济和金融活动的生物性基因是行为主体的决策模式，结合丹尼尔·卡纳曼的双系统决策模型（人类的大脑中拥有一个高效的特定的自动决策系统和一个相对低效的普适的受控决策系统，共同对信息进行加工与处理）得出行为主体的现实决策模式是双系统决策模式，基于双系统决策模型进一步推出金融危机形成的生物性基因是非理性决策模式，结合纳尔逊和温特的思想得出金融危机形成的社会性基因是非理性决策惯例。其次，分析了金融危机形成的变异机制，结合纳尔逊和温特的思想得出金融危机形成的变异机制就是非理性决策惯例的转型。最后，分析了适者生存的择优进化机制，创建了金融危机形成的演化模型，该模型既反映了金融危机形成的诱致性因素——非理性决策惯例，又反映了金融危机形成的各种影响因素之间相互转换和共同演化的动态循环机制，并按照此模型演绎了金融泡沫形成和金融泡沫崩溃的演化机制及演化过程。

第五章是金融危机形成机理：演化范式的案例分析。本章分别列举了由遗传基因诱致的金融危机不断复制的案例、由基因变异因素诱致的金融危机类型不断变换的案例，以及由择优进化因素诱致的金融危机救助、纠偏、防范的案例，进一步验证金融危机的演化机理。虽然人类会在每次危机后都会制定新的危机防范措施，但由于存在难以克服的非理性的遗传基因及基因变异，新的金融危机仍会爆发，人们也会不断地积累经验，克服弱点，在防范和应对金融危机中不断发展进化。

第六章是研究结论与对策建议。首先，对金融危机形成的演化分析进行归纳和总结，得出金融危机形成的诱致性因素是非理性决策模式，非理性决策模式的生物性特征决定了金融危机是不可避免的，非理性决策惯例是非理性决策模式的社会性表现，非理性决策惯例来自金融系统的过度刺激，不同金融系统的刺激方式衍生出不同的金融危机类型，完善稳定的经济和金融制度是防范金融危机形成的有效机制等结论。其次，提出了增加金融活动中非理性决策和行为的预警信号、市场与政府二元调节机制优化组合的制度化解决方案、完善制衡市场和政府非理性决策与行为的金融监管制度等对策建议。

## 五、研究的方法

第一，个体行为与群体行为互动方法。演化分析是个体行为与群体行为的互动主义，个体行为与群体行为处于协同演化中，金融危机形成的过程是个体行为与群体行为相互转换和共同演化的过程。

第二，动态分析方法。研究影响金融危机形成的因素是如何经过积累、转型和流行等变化过程达到当前状态的，来探索金融危机形成的内在机制。

第三，回溯法。借助于演化论的类比和隐喻，从金融危机形成的"表象"抽象到金融危机形成的深层结构，揭示金融危机形成的内在机制。

第四，历史相对性分析方法。通过研究金融危机形成的历史发展脉络，探索金融危机在不同历史阶段表现出的不同内部规律性。

第五，比较方法。通过比较各种金融危机的差异性认识到金融危机变异的内在机制，以此为基础，再运用类比和隐喻等回溯法，确认金融危机形成的深层因果机制。

第六，归纳演绎法。借鉴国内外相关理论研究，对历史上发生的重大的金融危机形成的特点进行归纳，与演化分析建立联系，然后基于建立的演化分析模型对历史上有代表性的金融危机进行案例分析，以及用演化范式的分析结果为有效干预金融危机提供对策建议等。

## 六、创新与不足

### （一）本研究的主要创新

第一，基于演化范式建立了反映金融危机形成的演化分析模型，该模型较好地揭示了金融危机形成的各种影响因素之间相互转换和共同演化的动态循环机制，为更接近实际地理解金融危机形成的动态机制提供了一种可能；同时，以双系统决策模式作为逻辑起点的演化分析模型可以将以"理性人"为逻辑起点的新古典经济学和以"有限理性"或"非理性"为逻辑起点的非主流经济学融为一体。

第二，基于双系统决策模型推出了金融危机形成的生物性遗传机制，即非理性决策模式，为金融危机形成的诱致性因素找到了更为科学的内在机制；同时，基于非理性决策模式的生物性特点得出金融危机是不可避免的结论，帮助人们正确认识和对待金融危机。

第三，提出了增加金融活动中非理性决策和行为的预警信号、市场与政府二元调节机制优化组合的制度化解决方案，以及完善制衡市场和政府非理性决策与行为的金融监管制度等对策建议。

### （二）本研究的不足之处

第一，分析决定金融危机形成的非理性决策模式所使用的分析工具和方法有限，还不够深入，所依据的研究成果也还不够全面和深入，这些都需要不断完善。

第二，建立的演化分析模型还不够细致和深入，在操作层面上分析得也不够细致，还需要结合更丰富的研究成果、研究工具和方法对其进行完善。

　　第三，对干预行为主体的非理性决策模式的办法分析得还不够细致和深入，今后还需要在这一点上多积累经验和专业知识，并结合实际情况对其不断充实和完善。

## 第二章

# 金融危机形成的理论及研究文献述评

## 第一节　金融危机形成的理论述评

　　金融危机是伴随着资本主义制度确立开始存在的，经济学家们对金融危机的研究也有几百年的历史了。最早对金融危机形成的研究散见于经济危机理论，而其研究的对象主要是国内金融危机。进入 20 世纪 70 年代，经济全球化的加速发展使国际金融市场的发展进入扩张期，金融危机频繁出现，尤其是国际性货币危机成为世界经济的热点，催生了金融危机形成理论研究的发展，并且成为 40 年来金融理论研究的热点之一。

　　大部分金融危机被国际货币基金组织（IMF）划分为外债危机、银行危机、货币危机和系统性金融危机等类型①。简单地讲，外债危机是指一国对主权债或非居民个人债的本息无法偿付，银行危机是指银行业遭遇潜在的或真实的破产，货币危机是指一国货币大幅度贬值或为保卫本国

---

　　① IMF. Chapter Ⅳ. Financial Crises: Characteristics and Indicators of Vulnerability [R/OL]. World economic outlook, 1998, 5: 74 – 75.

货币不贬值而大幅度提高利率，系统性金融危机是指金融市场发生潜在的、严重的混乱。最早出现的是外债危机，距今已经有几个世纪的历史了。20 世纪 30 年代经济大萧条之后，外债危机和银行危机得到系统性地研究，这也是现代金融危机理论研究的起点。自 20 世纪 70 年代中期开始，货币危机的发生频率与日俱增，由此，货币危机理论也开始逐渐盛行，成为当前发展最快的经济理论。进入 21 世纪，随着金融各部门间与经济各部门间的联系越来越紧密，系统性金融危机的特征越来越明显。本节将以代表金融危机发展进程的四种类型为线索对代表性金融危机形成的理论进行梳理。

## 一、外债危机形成的理论

马克思（Marx，1867）提出了国际信用危机理论。他认为债务危机形成的根源是资本主义私人占有制与生产的社会化之间的矛盾。只要资本是私人占有的，就会产生榨取剩余价值的经济机制，信用是经济中的一个环节，榨取剩余价值的经济机制最终会使信用停止。由于社会化大生产的全部联系都是以信用为基础的，因此只要信用突然停止，危机就会发生。同时，在世界范围内以信用制度为基础的世界贸易与国际市场都可能产生过度进口和出口，从而发生生产过剩，进而引发世界范围的危机。该理论认为，资本私人占有制度激发了资本家贪婪的本性，这种本性促使资本家无节制地冒险和转嫁责任以最大化其利益，直至信用停止，债务无法偿付，破坏了社会化生产的合作机制，这一问题最终以危机的方式得以暴露和被纠正。经济规律是由人的活动实现的，现实的人既是经济活动的前提又是经济活动的结果，因此人的心智规律在经济活动中很重要。

费雪（Fisher，1933）对 1837 年和 1873 年在美国发生的萧条和 1929 年的美国"经济大萧条"进行了详细的分析，提出了"债务—通货紧缩"理论。他认为，形成债务危机的根本原因是企业的债务结构与资产市值不匹配。商业扩张、战争等外部影响因素导致企业过分借贷，过度增加的信贷量导致货币流通速度加快，这进一步推动了物价和利率的上升；物价和利率的上升又促进信贷量的增加，形成恶性循环。一旦经济不景气，就会出现一种反向的恶性循环，即借贷者廉价销售商品以清偿债务，货币流通速度降低，物价水平下降，名义利率下降而实际利率上升，这又会加剧上述过程，从而最终导致了债务危机的爆发。其后的学者们对该理论进行了进一步修正，将经济不景气更改为过度负债下银行的流动性偏好增强，将物价水平下降修正为资产价格下降；并且增加了资产需求的价格弹性很小，债务人的边际支出倾向大于债权人的边际支出倾向则会加速"债务—通货紧缩"过程进一步恶化这一杠杆效应。该理论认为，债务结构对债务偿付的影响是很大的，债务结构与资产市值的不匹配在市场"追涨杀跌"的心理规律作用下得到了强化，这一错误最终以债务危机的方式被暴露和纠正。

苏特（Suter，1986）提出了国际债务危机理论。他认为，形成债务危机的主要原因在于过高的市场预期。由于发达国家具有最大的创新潜能，因此新产品最先出现在发达国家（中心国家），当发达国家市场饱和后，新产品的生产会由中心国家转向边缘国家，中心国家增加对边缘国家的投资和贷款，这使得边缘国家对经济预期过分乐观，从而促使边缘国家加重其外债负担。当中心国家的创新潜能处于低谷的时候，中心国家的经济开始进入停滞状态，中心国家经济的不景气导致世界需求下降。边缘国家较低的外资乘数效应、为实施进口替代所采取的高额进口，以及高外汇投资，这些因素导致边缘国家较低的外资利用效益，降低直至失去外债偿还能力，最终促使债务危机爆发。该理论认为，市场预期对债务偿付的影响是很大的，过高的市场预期导致其债务水平超过其生产能力，最终促使债务危机爆发。

## 二、银行危机形成的理论

弗里德曼（Friedman，1975）提出了"货币政策失误"理论。他认为，形成银行危机的主要原因是紧缩的货币政策。突发性的外部事件会使银行业出现小型的、局部性的金融问题，储户会逐渐丧失对银行的信心，一旦储户丧失信心而挤提，就会形成银行恐慌，银行为应付挤提会增加准备金，货币乘数会大幅降低，货币供应量大幅度减少，严重的银行恐慌会引起大批银行因失去流动性和偿付能力而倒闭破产。在货币紧缩过程中，如果政府提供足够的高能货币，就可以避免银行恐慌的产生；反之，如果政府实施紧缩的货币政策，就会导致货币供应量继续减少，持续发展下去，则会爆发银行危机。该理论认为，货币政策对银行债务偿付的影响是很大的，扩张性货币政策能缓解银行债务偿付问题，而紧缩性货币政策能恶化银行债务偿付问题，最终导致银行危机。该理论考虑到了政府这一重要影响因素，使金融危机形成的分析多层级化，同时也比较细致地分析了紧缩性货币政策对银行债务偿付的影响。

戴蒙德和迪布维格（Diamond & Dybvig，1983）提出了"银行挤兑"理论。他们认为，形成银行危机的根本原因是银行基本功能的缺陷。银行的基本功能是将不具有流动性的资产转化为流动性资产，因此银行资产有典型的非流动性，即使银行实行多样化组合也不可能完全预计到坏账风险的发生。当银行资产价值低于银行债务价值时，就会导致银行失去偿还能力，换言之，当借款人没有能力或失去偿还债务的意愿时，银行资产价值就极有可能发生下滑。当一个国家大部分银行都失去了偿还能力时，就会发生存款者在银行宣布破产前挤兑现金的现象。若银行存款未予保险，那么挤提存款就会加速银行危机的产生。"银行挤兑"理论认为，银行基本功能对银行债务偿付的影响巨大，银行自身不具有抵御挤提风险的功能，最终导致银行危机，该理论考虑到了银行自身功能这一重要影响因素，使金融危机形成的分析多层级化，同时也比较细致地分析了银行基本功能对银行债务偿付的影响。

布拉纳尔和梅尔泽尔（Brunner & Meltzer，1976）提出了"货币存量增速"理论。他们认为，一个国家突然发生的大幅度的货币紧缩会使银行为了保留足够多的流动性而出售资产，市场上过多资产的出售导致资产价格下降，并且导致了利率的上升，从而进一步增加了银行的筹资成本，并危及了银行的偿还能力。如果越来越多的银行失去偿付能力，那么货币供应就会继续减少，最终促使银行危机爆发。詹姆斯·托宾（James Tobin，1982）提出了"银行体系关键论"，他认为金融风险显露使银行为了控制风险而减少贷款和提高利率，这些行为会使企业减少投资或廉价销售资产来偿还债务，过多资产的出售导致资产价格急剧下降，这种情况会进一步引起极大的连锁反应，促使银行危机爆发。这两种理论都认为银行的放大效应对银行债务偿付的影响是很大的，银行自身具有放大效应，这种放大效应既可以放大市场效率也可以放大市场风险，放大市场风险的效应最终导致银行危机。

## 三、货币危机形成的理论

第一代货币危机理论。克鲁格曼（Krugman，1979）等认为，货币危机形成的基本原因是具有扩张性的国内经济政策。当国家存在大量赤字时，政府会因为弥补赤字而实施具有扩张性的经济政策。信贷扩张以及本国利率的下跌会导致国家资本外流，从而会引起广大投资者产生预期，以期望本币贬值，进而他们会逐渐抛售本币并增加外币的持有度。为了维持固定汇率，政府会选择抛出外币以增强投机者对本币贬值的预期，从而继续引起人们对本币的进一步攻击。最终，政府的外汇储备将被耗尽，货币危机爆发。该理论认为，扩张性经济政策对外汇流失的影响是很大的，在固定汇率制度下，扩张性的经济政策会加剧投资者对宏观经济基本因素恶化的预期，从而加剧了外汇的流出，最终导致货币危机。

第二代货币危机理论。奥伯斯菲尔德（Obstfeld，1994）等认为，货币危机形成的根本原因是政府的愿望与公众的预期不一致。如果经济基本面没有发生消极变化，则公众对国内货币体制的不同预期就可能会产生不同的均衡效果。如果公众预期国内货币贬值，那么这种预期将直接导致货币利率上升，国内就业以及政府、银行等机构都会随之产生巨大的金融压力。由此，政府维持固定汇率的成本就会逐渐提高，政府对维持固定汇率的意愿越强烈，则其维持固定汇率的成本就会越高。成本达到一定高度后，政府继续维持固定汇率的成本就会超过整体收益。国家于是会放弃固定汇率，而货币本身则达成了自我实现。在此过程中，"羊群效应"对货币危机爆发起到了推波助澜的作用，即不论危机发生的原因为何，抛售的浪潮将通过民众的相互模仿而被逐级放大，最终则会导致国家货币体制的彻底瓦解，以致崩溃。这种不断扩大的抛售浪潮，很容易波及其他国家，从而形成国际金融危机。该理论认为，公众的预期与情绪对外汇流失的影响很大，公众对货币贬值的认同和"羊群效应"的情绪加剧了外汇的流出，最终导致货币危机。

第三代货币危机理论。克鲁格曼（1998）等认为，金融危机形成的根本原因是金融过度。所谓金融过度，是指当资本项目放开时，本国的金融机构可以进入国际金融市场进行自由融资，而这些金融机构的风险行为则转化成为金融资产以及房地产等的过度积累。金融过度会导致金融体系的防御性降低，政府会对有切身利益关系的银行以及企业提供多项隐秘性担保，从而助长了金融机构和企业冒险可能。这些银行或企业的不正当资产实质是政府的隐性财政赤字。由于销售行业疲软、银行利息升高和本国货币贬值，企业资产负债将出现严重困难，银行不良贷款激增，国外投资者相信该国政府会对国内银行持有的巨额不良贷款进行融资，这坚定了投资者抛售本币的决心，最终导致金融危机的爆发。该理论认为金融过度对外汇流失的影响很大，投资者对金融过度的预期加剧了外汇的流出，最终导致货币危机。

第四代货币危机理论。由于当前经济体系逐渐向全球化以及自由化方向不断发展，所以国家与国家、政府与企业、企业与市场等的关系愈加复杂化，简单的经济理论已经无法全面而翔实地解释金融危机的形成，它需要更为系统的框架来进一步阐释。由此，克鲁格曼（1999）以第三代金融危机模型为基础，将国家资产负债分析引入货币危机理论中。他强调，一个经济体（包括政府、银行、企业等）所面临的内外难以平衡、货币错配、期限错配、结构错位以及偿付能力缺失等问题，将会对金融危机的爆发与蔓延起到推波助澜的作用，而这些问题、作用以及与此相对应的金融风险和危机分析，则被称为第四代金融危机模型。

## 四、系统性金融危机形成的理论

明斯基（Minsky，1986）在完善、丰富了凯恩斯理论的基础上，于现实经济活动中对凯恩斯模型进行了灵活运用。他率先系统地阐述了金融内在的脆弱性问题，并提出了金融体系不稳定的假说。他认为，金融危机形成的主要原因，在于金融机构和借款人的内在不稳定性，这种内在不稳定性主要由以下三个方面的因素导致：一是代际遗忘，新的获利机会让人们忘记了历史上的痛苦；二是竞争压力，激烈的竞争会引起人们对市场占有份额的恐慌；三是行为主体的非理性，不理智或错误的决定会导致内在不稳定性持续加强。内在的不稳定性主要体现在现金流上。现金流的形成与运作是金融体系持续健康发展的关键，如果现金流无法实现正常运作，那么金融体系的极不稳定性就会逐渐凸显，持续发展下去，最终就会导致金融危机。明斯基将借款的企业分为抵补性的、投机性的以及"蓬齐"借款三类。在经济稳定发展阶段，多数金融机构和借款人的现金流都是谨慎而又有保证的；在经济繁荣时期，金融机构和借款人放弃原先的谨慎原则而采取冒险的做法，贷款需求增加。金融结构的这种转换引起短期利率上升，进而是长期利率的上升、资产价格的下降和投资的减少，循环往复，最终导致金融危机。该理论认为现金流对金融体系的影响是很大的，现金流正常运作会使金融体系稳定，而如果现金流无法正常运作，则金融体系就会极不稳定，最终导致崩溃，引发金融危机。

维切利（Vercelli，2010）从微观层面和宏观层面分析了金融不稳定性。他以明斯基的财务状况分类为基础，比较了经济周期的不同阶段中绝对财务指标和相对财务指标的变化。通过观察经济系统三类财务状况的比例变化，揭示了金融体系是否演化到了不稳定状态，并能够对不稳定状态进行提前预警。他从边际变化与总量变化的双向角度出发，详细分析了企业财务现金流、流动性水平以及偿债能力等相关要素。通过分析推理，他重新定义了金融的不稳定状态，并重新对经济系统的财务状况进行了分类。他采用外推预期法阐释了金融市场的周期性波动，并基于相关经济产值、利率等要素的预期与实际经济效益之间的动态不一致性，分析了名义经济变量，提出了金融不稳定性的相同解释。当然，很多学者从不同的角度对该领域进行了深入研究，如使用崩溃模型与混沌理论来解释和描述金融系统不稳定问题、探讨金融不稳定性与实际经济变量不稳定之间的关系、构建金融不稳定指标来阐述周期性金融波动等。这些理论都是通过与现金流相关的各种指标及其组织结构来体现现金流对金融体系的影响，对金融体系的不稳定因素分析得更加细致。

## 五、金融危机形成的理论评论

传统的或目前主流的金融危机形成理论缺少对现实中人的心智规律的认知，这些金融危机形成理论基本都是首先对客观因素层面进行探讨，而后逐步向人的心理因素方面的探索进行演进。但是，值得注意的是，这些理论均假定参与经济活动的人是"理性的人"，它们将人的性格、思想及行为进行了理想化假设，未能充分考虑现实生活中人的心智规律是随时变化的，是会出现多种"不理性"状况的，这些人为因素对金融危机的产生是具有一定影响的。所以，马克思曾认为，经济规律是由有意志的人和人的活动实现的，现实的人既是经济活动的前提又是经济活动的结果。[①] 可见现实人的心智规律在经济活动中的重要性，因此，对于金融危机的形成，要充分考虑人的心智规律对它的影响，这不论从现实层面还是从理论层面，都具有深远的意义。

"债务—通货紧缩"理论分析了债务结构对债务偿付的影响，"货币政策失误"理论分析了货币政策对债务偿付的影响，"银行挤兑"理论分析了银行资产价值对债务偿付的影响，第一代货币危机理论分析了国内经济政策对外汇流失的影响，这些影响因素都是实质性影响因素，这些

---

① 马克思. 资本论（第三卷）[M]. 北京：人民出版社，1975：498 – 499.

实质性影响因素与人的经济行为都有确定性的逻辑关系，通过价格理论形成了金融危机的理论模型，但是这种确定性的理论模型并不能真实地表现金融危机形成的复杂性、多样性和多变性等本质特征，并且这些理论模型都是在理性人的假定前提下描述了金融危机中经济参与者的行为规律，并未涉及现实人的心智规律，从而没有从现实人的心智规律的角度来分析金融危机的形成。

修正后的"债务—通货紧缩"理论加强了过度负债下银行的流动性偏好增强等影响因素，国际债务危机理论提出了过高的市场预期等影响因素，修正后的"银行挤兑"理论增加了"羊群效应"等影响因素，第二代货币理论和第三代货币危机理论分析了公众的预期与"羊群效应"情绪等影响因素，新一代的系统性金融危机形成理论则强调了金融机构和借款人具有的天然的内在不稳定性，这些影响因素都是经济参与者的心理因素，这些心理因素与人的经济行为建立了不确定性的逻辑关系，较好地体现出了金融危机形成的复杂性、多样性和多变性等特征，更接近金融危机的真实性。

这些理论的演进显示人们对金融危机形成的认知从实质性影响因素的研究发展到现实人的心理影响因素的研究，这种认知的发展与马克思的观点是一致的。马克思认为，经济规律是由有意志的人和人的活动实现的，现实的人既是经济活动的前提又是经济活动的结果，经济现象就是人的主体意志性和经济客观性的对立统一。[①] 马克思从哲学高度上抽象出有意志的人与客观的经济之间的关系和规律，突出了人的心智规律在经济活动中的重要性。现代经济学家也不断地向理性人假设提出挑战，进一步揭示出现实人的意志的"差异性"特征与"物理世界"的不同。20 世纪 50 年代，冯·诺依曼、奥斯卡·摩根斯坦提出了期望效用理论用来解释和预测人们在不确定条件下是如何决策的，阿莱悖论和埃尔斯伯格悖论的出现使人们意识到现实人的理性是有限的，人们在做决策时会受到自身背景和经验的影响，只考虑某些问题而忽视另外一些问题，并

---

① 马克思. 资本论（第三卷）[M]. 北京：人民出版社，1975：498–499.

且在决策过程中决策者的感性偏见又会对问题本质的理解发生偏差。因此，在实际情境中，决策者的偏好是复杂多变的，这就需要人们对传统经济理论中的理性假设做出修正。①

外债危机理论从最初的债务结构与资产市值不匹配等实质性影响因素发展到过度负债下银行的流动性偏好增强和过高的市场预期等心理影响因素；银行危机理论从货币政策和银行资产价值等实质性影响因素发展到"羊群效应"等心理影响因素；货币危机理论从国内经济政策等实质性影响因素发展到公众预期与"羊群效应"等心理影响因素，这些金融危机形成理论的进展都揭示了现实人的意志的差异性，这是对马克思"现实的人既是经济活动的前提又是经济活动的结果"这一观点在金融危机现实中的实践，它也进一步说明了金融危机形成理论的演进本质上是人们对现实人心智规律认知的演进。

因此，无论从理论上还是实践中，金融危机形成理论都需要重新审视现实人的心智规律，意识到现实人意志的"差异性"特征与"物理世界"的不同，如果不能从人自身的心智规律找原因，那么人们对待新经济现象的态度和思维就不会发生根本性变化，只能不断地迎接着金融危机的发生。将现实人的心智规律作为金融危机形成理论的前提来研究是非常必要的，金融危机形成理论未来的发展趋势将是以现实人的心智规律为基础的研究。

## 第二节　金融危机形成的研究文献述评

美国金融危机的爆发引发了学者们对金融危机的重新审视，学者们发现美国金融危机与历史上的危机有许多共通之处。莱茵哈特和罗格夫（Reinhart & Rogoff，2008）在对 2008 年美国金融危机发生之前的宏观指标进行了细致分析的基础上，将发达国家第二次世界大战之后的 18 次金

---

① 马克思．资本论（第三卷）[M]．北京：人民出版社，1975：498 - 499.

融危机发生之前的宏观指标进行了比较，通过比较发现，这些金融危机在很多方面有着极其相似之处。例如，在金融危机发生之前，这些国家的房价显著上升，其股权市场价格指数实际增长率显著上升，经常账户占国内生产总值（GDP）的百分比也显著上升。戴米扬克和范海默特（Demyanyk & Van Hemert，2009）对2008年美国金融危机发生过程中的次贷违约及其演进进行了实证研究，结果表明，美国次级抵押贷款所导致的金融危机在上述方面与德利阿里西亚等（Dell'Ariccia et al.，2008）研究的经典借贷繁荣—崩溃周期惊人的一致。美国、阿根廷、智利、瑞典、挪威、墨西哥、泰国、印度尼西亚和韩国均经历了类似的借贷繁荣—崩溃的周期。

尽管美国金融危机在金融指标和危机的生成机制上与以往的危机有许多相似之处，但是美国金融危机同以往的危机一样没有被预见到，仅从这一点可以推断，金融危机形成的机制远比人们认识的更复杂和更难以控制，它需要我们坚持不懈地去研究和探索。与第一节的视角不同，本节基于金融系统层级的视角对金融危机形成的研究文献进行综述，力图通过金融系统的全貌来描述金融危机形成的复杂性。金融系统是一个多层次的系统，微观和宏观的行为主体群构成了金融系统的不同层级。同时，金融系统演化的影响因素也分为不同的层级，我们按照从快速变化的变量到缓慢变化的变量来划分不同层级。在描述金融系统时，我们观察到的速率逐步减缓的变量大致分为行为主体、金融工具、金融制度和金融环境。

# 一、基于行为主体角度

## （一）道德风险论

### 1. 个人投资者

莱茵哈特和罗格夫（2008）认为，从整体来看，美国的消费理念存在巨大的超前消费现象，经常账户和政府财政上都存在着巨大的赤字，居民也存在着巨大的超前消费行为。维格纳尔、阿特金森和李（Wignall，Atkinson & Lee，2008）认为，2004 年，布什政府"美国梦"计划的实施，使人们过度地追求房地产消费以及在此基础上的投资，在这种氛围下衍生出大量的冒险行为，并且经济系统也纵容着这些冒险行为。随着政府对利率的不断上调，贷款和交易成本不断上升，贷款违约率也不断上升，这些冒险行为最终演化成为金融危机。不负责任的消费理念以及由此导致的奢侈无度的消费行为使社会各阶层过分逐利是构成这场危机背后最深层次的道德原因。

**2. 机构投资者**

马斯金（Maskin，2002）认为，银行系统的关联性极强，如果一家银行发生流动性困难，那么其他银行都会受到牵连，乃至整个金融体系都会产生严重紊乱。正因如此，大多数银行都认为政府不会对金融体系发生的混乱坐视不管，并且政府也承受不起金融体系发生混乱，所以，大多数银行基本都有共同预期，即当银行出现问题时，政府一定会对其进行救助。由于有这样的预期，银行会不断地突破风险约束，不断地冒险选择高风险产品。

**3. 评级机构**

比特（W. H. Buiter，2007）认为，由于由发行方支付相关费用，这难免会产生利益的相关性，因此信用评级机构无法避免道德风险的发生。因为这种模式无法保持客观公正的信用评级，也无法保证信用评级的透明度。

**（二）投资者行为传染论**

**1. 信息不对称的影响**

国际货币基金组织（IMF，2003）的报告显示，当某些国家发生金融危机时，投资者会对这些国家的经济状况进行重新判断，而这些判断经常会出现偏差。一种偏差是"虚拟的关联性"，即投资者对发生金融危机的国家与其他国家之间的关联性发生了误判；另一种偏差是"打包类比假设"，即投资者误认为某些国家也存在着相类似的问题，尤其是那些发生金融危机的国家。洛伦佐（Lorenzo，2010）的案例分析显示，"信心传染"发挥了关键作用。在金融动荡时期，市场投资者产生了一种"奈特不确定性"的状态，投资者逃离一切风险资产。乔迪和克莱门特（Jordi & Climent，2012）发现了一种危机传播机制，他们将其命名为"投资者注意力再分配"机制，阐述了其对投资者处理信息能力的约束，证明了此机制在亚洲金融危机中向拉丁美洲国家传播的重要作用。欧洲央行（ECB，2012）的分析显示，非预期型金融危机的传染效应会更为强烈，而市场充分预期到的危机只会产生程度较轻的传导效应。

**2. 流动性约束的影响**

卡明斯基（Kaminsky，2001）认为，如果大型机构投资者在某个国家遭受经济损失或在某个国家的贷款质量出现严重问题时，它们很有可能会降低在其他国家的风险投资，以应对可能的大规模赎回行为。由此产生的关联效应导致其他国家的资产价格会大幅度下跌。艾伦和盖尔（Allen & Gale，2000）、西福恩特斯（Cifuentes，2005）认为，这些流动性约束引致的投资行为更可能发生于高杠杆的对冲基金和较低资本充足率的商业银行，对资本充足率的严格监管、对短期融资的过度依赖等因素会使这些商业银行对外部的流动性冲击变得越来越脆弱。

**3. 风险偏好改变的影响**

基金经理们的报酬经常与其相对市场排名相关联，这样的情境使基金经理们担心其投资决策出现错误会严重损害到其市场声誉。因此，基金经理们会经常彼此模仿，形成从众的群体行为，又称作"羊群行为"，他们在信息不完全情况下这样做决策应该是理性的，但是宏观的结果却会导致金融危机。普里茨克（Pritsker，2010）认为，投资损失使投资者的风险偏好下降，投资者风险偏好下降导致其抛售所持有的资产，这种抛售行为与流动性约束导致抛售行为非常类似，但是区别是前者是主动行为，而后者是被动行为。

## （三）人性论

2010 年，莱茵哈特和罗格夫撰写了《这次不一样——八百年金融危机史》① 一书。此书之中涵盖了近 800 年来 60 多个国家和地区发生过的金融危机，其分析的基础建立在大量定量化的数据基础上。此书的主要观点是："最常谈到和最昂贵的投资建议就是'这次不一样'。在这种建议之后常常伴随着大手大脚的冒险行动。金融专家（更常见的是政府中某些人）认为，人们正做得越来越好，人们会变得更聪明，人们会吸取过去错误的教训。结论是，旧有的估值准则不再适用。社会民众每每都相信，过去的许多繁荣景象都曾造成灾难性的崩溃，但这次不一样，当前的繁荣是建立在坚实的基本面、结构改革、技术创新和良好政策基础之上的。"显而易见，作者将历史上金融危机形成的原因归结到人的本性，人们总是过于乐观，认为错误不容易再犯，一旦历史重演，就去寻找新的借口。然而，人的贪婪与破坏性的原动力总会在一个时期后突破理性的控制，能量在破坏性地释放之后，才会回归于相对的宁静与繁荣。

埃里克·马斯金（Maskin，2008）认为，当金融市场处于高涨时期时或者在政府对市场上的投资行为进行隐性担保时才会有越来越多的投资者敢于冒险买入资产，而在金融危机发生时卖出资产，其目的是获取高额利润。他认为这些投资者的行为是理性的，并不属于贪婪，这是社会"人"的正常生理反应。防范危机不能寄希望于人的良心与正义，而应该建立在制度的约束之下。从人性的贪婪角度来看，"贪婪""欲望"只会让资产价格持续走高，泡沫将永远存在，不会消失，而在收益上，也会始终获得最大利益，而金融危机是不会存在的。因此，"贪婪"只是利用经济的高涨助推了价格，利用经济的衰退助跌了价格，它永远也不是危机发生的根本原因。

美国金融危机调查委员会（FCIC）在 2009 年公布的《金融危机调查报告》② （以下简称《报告》）中指出，在经济危机发生之前，金融领导者以及公共管理者对经济金融中的预警信号没有给予足够的重视。对于

---

① 莱茵哈特，罗格夫著. 这次不一样——八百年金融危机史（珍藏版）[M]. 綦相，刘晓锋，刘丽娜，译. 北京：机械工业出版社，2012：3，6.

② 美国金融危机调查委员会. 金融危机调查报告 [M]. 北京：中信出版社，2012.

经济状况的发展趋势，领导者们缺乏一种敏感度以及探究精神，这导致了经济系统的危机升级，而金融危机也因此成为不可避免的产物。《报告》认为，金融危机的形成是多方面的，必须将人性、人的思想、人的社会性等诸多因素综合考量之后才能作出客观的分析，只是简单地把经济危机归罪于人性的贪婪与狂妄有失公允，并且是不客观、不全面的。由于国家缺乏对人性弱点的问责机制以及严格的问责程序，所以这在很大程度上加速了危机的产生。本次的金融危机是人类整体的过失，是错误判断的集合和不当行为的累计所共同造成的，这并不是少数分子的"不法"而为，而是涉及了太多的机构（包括国家、政府、银行、企业等）和个人。人们过于信赖政府领导者、金融监管机构负责人、银行高级管理层，曾希望他们能承担责任，并维护好国家经济体系的稳定性。然而事与愿违，正是这些被寄予厚望的领导和管理者的失职，才促成了这场严重的金融危机，所以他们必须面对这样的现实，即在谋求与接受重要职位的同时，更应该承担重要的责任与义务。

## 二、基于金融工具角度

陈斌（2009）认为，2008 年美国金融危机主要是因为次级抵押贷款无节制的发放，激发了市场冒险的情绪，导致大量高风险的次级债券及其衍生品的过度的创新和发行。余斌（2008）认为，金融创新不仅不会有效地分散和消除风险，反而会加大风险的总量。易宪容（2010）认为，美国的"影子银行"发展迅速，其信用近 20 年来一直处于无限扩张状态，这是造成美国金融危机的主要原因。美国政府对"影子银行"的监管比较弱，"影子银行"规避监管的手段也进一步为金融危机的爆发埋下了祸根，其规避方式就是通过扩张流动性来提高杠杆率，这种无限制的扩张最终导致了金融危机的爆发。陈雨露等（2010）通过实证研究发现，信息公开的限制程度、政府的腐败程度和经济危机发生的概率及其持续的时间具有明显的相关性。美国金融市场上过度的金融工具及其衍生品的创新导致原有的真实的信息大量失真，过度的金融创新也创造了过度的金融风险，金融风险被不断地包装与转移，这使投资者们无法准确判断金融产品的风险，其可以依赖的依据只有市场提供的价格。戴米扬克和海默特（Demyanyk & Hemert，2008）等探讨了信贷标准与信贷质量下降的原因，他们认为，美国次贷危机发生的主要原因在于降低了信贷标准和信贷质量，而信贷标准和信贷质量的下降极大程度地影响了房价的持续增长。凯斯等（Keys et al.，2008）以实证案例分析了美国次债市场的数据，他们发现，次贷危机的主要原因是证券化的过度化发展。非流动性贷款越来越多地和越来越快地转化为流动性债券，使金融机构越来越轻信于借款者的还款能力，其评估和监测动力大大降低，证券化程度与监控力度呈反向运动。拉詹等（Rajan et al.，2008）认为，由于资产证券化范围不断扩大，基础金融资产和金融工具持有者需要为更多的衍生证券或金融衍生工具的持有者提供更多的基础资产方面的信息，这大大增加了基础金融资产或金融工具持有者的成本和压力，导致其逐渐失去提供信息的动力，金融衍生证券或金融衍生工具的创新逐渐脱离基础信息，转变为一种独立的、完全虚拟化的金融活动。当这种完全虚拟化的金融活动盛行时，大量低质量金融产品逐渐取代优质金融产品成为基础金融资产，这种道德风险的盛行使金融衍生证券或金融衍生工具乃至整个金融系统的风险大大增加。本·伯南克等（B. S. Bernanke et al.，2011）发现，从国外流入到美国的资金并没有被有效地投入到实体经济的发展中，其利用率很低，这些资金大量地流入到金融部门过度开发的衍生证券等结构性投资产品，这些衍生证券都是以高风险贷款为基础的，最终这种行为导致了最近的经济危机和全球衰退。

## 三、基于金融制度角度

### （一）公允价值计量论

在美国2008年的金融危机中，公允价值计量的顺周期效应显露无遗，它明显地推动和加速了金融危机的深化，公允价值会计准则要求金融机构的资产价格必须按照公允价值进行计算，同时资产的损益必须按照公允价值来进行确认。按照公允价值确认的市场价格变动和资产的损益将导致银行资本金的减少。银行资本的减少必然会减少银行的资本充足率，而《巴塞尔协议》对商业银行的资本充足率有严格要求，因此银行为了保持《巴塞尔协议》所规定的资本充足率，不得不大量抛售资产以获得足够的资本金，最终导致金融市场形成一种"资产价格下跌—公允价值确认资产损失—资本金消减—资产抛售—资产价格继续下跌"的恶性循环模式。会计和金融界对公允价值计量的顺周期效应进行了深入研究，判断其是否对金融危机的发生产生助推作用。沃利森（Wallison，2008）通过实证发现，公允价值计量平添了与基本面不相关的干扰因素，使价格波动加剧。公允价值计量在经济高涨时助推了价格，促成了资产泡沫的形成；公允价值计量在经济衰退时助跌了价格，促成了资产泡沫的崩溃。《全球金融稳定报告》（IMF，2008）采用真实数据进行模拟发现，在经济发展的稳定阶段、高涨阶段和衰退阶段，采用公允价值进行计量的银行资产和负债都会发生大幅度的波动。

## （二）金融自由化论

世界银行（World Bank，1997）通过大量的调查研究指出，导致金融危机的主要原因之一是大规模的外国资本流入与逆转，外国资本通过银行信用扩张，逐渐削弱了本国的宏观经济和金融业的稳定性。陈雨露和马勇（2009a）在金融自由化和国家控制力匹配的视角下，对金融危机进行了解读，发现金融自由化和国家金融控制力的不匹配对发展中国家发生金融危机有重大的影响。威廉姆森（Williamson，1998）通过实证研究了 1980～1997 年发生过的 35 个系统性金融危机的案例，他们发现，其中有 24 个案例与金融自由化相关。卡明斯基和莱茵哈特（Kaminsky & Reinhart，1998）对 20 个国家（其中 5 个是发达国家、15 个是发展中国家）的银行危机进行了实证分析，结果表明，银行危机发生之前经常会有金融自由化的盛行以及在此过程中的信贷大幅度的扩张。肯特和德特拉吉亚彻（Kunt & Detragiache，1998）实证研究了 1980～1995 年 53 个国家发生过的银行危机，结果表明，金融自由化与银行危机是正相关的，金融自由化使银行危机的概率加大。在银行危机发生之前，国内信贷经常会大规模扩张，资产价格会大幅度上升。博里奥（Borio，2003）实证研究了 20 个国家的银行信贷和不动产价格，分析表明：在长期，资产价格波动促进了银行信贷扩张；短期内，资产价格波动与银行信贷扩张相互影响，彼此促进。

### （三）金融监管放松论

马斯金（Maskin，2008）认为，金融业存在很大的"外部效应"，这种外部效应会影响所有金融行业当中的主体，产生很大的连锁反应。马斯金认为，只有实施严格的金融监管才能避免金融行业的外部效应失控。邓翔（2008）认为，2008 年美国金融危机的最主要的原因是金融监管远远落后于金融创新，从而导致无法形成有效的金融监管。高飞和胡翟（2008）进一步剖析了金融监管方面的原因，他们指出金融监管的分离性质与金融机构的混业性质不相匹配，金融监管的分离导致金融监管机构缺乏协调和权威，这是导致金融危机产生的根本原因。莱茵哈特和罗格夫（2008）用翔实的数据分析了金融自由化对金融系统产生的影响，他们发现，金融自由化下金融监管的缺失与松懈导致那些金融机构忽视和放大了风险，对融资体系产生了巨大的负面影响，这种影响使得金融系统变得更加脆弱。达亚努等（D. Daianu et al.，2008）将 2008 年美国金融危机与历史上重大的金融危机进行了比较，他们认为，导致 2008 年美国金融危机的主要原因是过时的金融监管框架。

## 四、基于金融环境角度

### （一）经济结构失衡论

沃尔夫（M. Wolf，2008）认为，2008 年美国金融危机的爆发包括很多深层次的原因，其中的主要原因是世界范围内经济失衡。导致世界范围内经济失衡的主要原因是美国巨大的经常项目的逆差，而导致美国巨大的经常项目逆差的主要原因是新兴国家的巨大的外汇储备。莱茵哈特和罗格夫（2008）将2008年美国金融危机中的债务和通胀水平与第二次世界大战后比较大的历次金融危机中的债务和通胀水平进行了比较分析，他们发现，2008年美国金融危机中政府债务和通胀水平都低于第二次世界大战后的金融危机的平均水平，而美国的经常项目的赤字水平却高于第二次世界大战后的金融危机的平均水平，所以，他们认为导致美国次贷危机的重要原因是美国经常账户的巨额赤字。伯南克（Bernanke，2008）认为，2008年美国金融危机爆发的主要原因是全球经济失衡。贸易顺差国的存储资金流向发达国家，导致发达国家的融资成本降低，而风险偏好则会随着融资成本的降低而相应升高，金融机构和投资者风险偏好的改变将直接诱发金融危机的爆发。杨公齐（2008）认为，实体经济的失衡是导致全球经济系统失衡的根本原因，国际贸易的收支失衡只是表象。虚拟经济的膨胀与萧条来自国际货币资本的流动，而国际货币资本的流动来自实体经济的失衡，所以，归根结底是实体经济失衡导致了全球经济系统的紊乱。杨公齐基于全球经济失衡和金融体系脆弱性分析了美国次贷危机的根源，他指出，美国次贷危机的根源是其他国家对美元无风险资产的过度需求。卡明斯基和莱茵哈特（Kaminsky & Reinhart，1999）、卡尔沃（Calvo，2005）、爱德华兹（Edwards，2005）认为，经常项目、外债规模和外汇储备等状况的恶化是造成金融危机向世界范围内传播的主要因素。明斯基（Mishkin，2008）认为，1997年的亚洲金融危机中，中国台湾、中国香港和新加坡良好的金融审慎监管以及政府强有力的应对政策是使其较少遭受金融危机传染的重要因素。欧洲央行（ECB，2012）认为，中东欧国家在欧洲主权债务危机中遭受到了巨大的冲击，是因为中东欧国家的经常项目、外债规模和资产结构存在着显著的问题，致使其经济状况在面对外部冲击时更为脆弱。

## （二）宏观政策失误论

约翰逊（Johnson，2009）认为，美元超发是导致全球经济失衡和

2008 年美国金融危机的主要原因。美元超发导致全球资本的总流量增加，全球资金的流动性变得更加充裕，过多的流动性扭曲了全球资源和资金的配置，最终导致全球经济失衡和 2008 年美国金融危机的爆发。由于新兴国家经常账户的顺差与发达国家经常账户的逆差通过其资本与金融账户中资金的流动保持了一种平衡，因此逆差与顺差并不会导致全球经济失衡，不需要对多种渠道的资金流动进行分别配置。杨兆廷和王元（2009）指出，政府会经常采用较为宽松的货币政策以促进实体经济的发展，如此一来，银行会为市场提供大量的信贷资金，而过量的资金会导致资产价格的快速上升，虚拟经济中的泡沫因此而出现。博斯沃思和弗兰（Bosworth & Flaaen，2009）认为，过度的次贷市场和次债市场的发展只是 2008 年美国金融危机的直接原因，2008 年美国金融危机的根本原因是为了挽救 2001 年美国金融危机造成的经济的衰退，美国政府实施了长期的刺激经济增长的宽松货币政策。朱太辉（2010）认为，2008 年美国金融危机前美国房地产行业非常火爆，主要原因在于美国采取的以不断发行美元和长期超低利率为代表的扩张性货币政策，导致市场上的流动性过剩，流动性过剩一方面刺激了美国的高消费和高负债，另一方面刺激了房地产市场的火爆。泰勒（2009，2010）认为，2008 年美国金融危机前的长期的低利率的扩张性货币政策是美国金融危机发生的必要条件，美国长期抵押贷款的利率没有被降低，导致联邦基金利率和房价上升，而这种现象足以使美国人民产生巨大的错觉，并使他们极大地忽视了利率风险。斯蒂格利茨（2007）认为，20 世纪末，在低利率条件下，美国的过度投资刺激经济复苏并不会带来太大问题，但是随着国内利率的稳步上升，过度投资所累积的风险导致资产价格迅速下跌，最终引爆了金融危机。林毅夫（2008）认为，2001 年美国金融危机导致美国经济走向衰退，美国政府采取了长期低利率的扩张性货币政策，长期低利率不仅刺激了房地产市场的繁荣，也导致房地产市场从繁荣走向了泡沫，房地产泡沫又蔓延到全世界，最终形成了全球的金融危机。希梅内斯等（Jiménez et al.，2009）研究了西班牙 1984～2006 年的经济数据，他们发现，短期内，低利率条件下银行信贷所承担的风险是很低的，贷款违约的概率降低，这与银行已有贷款规模大于新贷款规模有很大关系；中期内，低利率条件下银行会发放更多的高风险贷款，贷款违约的概率加大，这与银行追求更高的抵押价值和"寻找收益效应"有很大关系。

## 五、金融危机形成的研究文献评论

上述研究表明，金融危机形成的原因是多方面的，既有金融体系之外的经济结构的失衡、宏观政策上的失误，也有金融体系之内的行业发展特征和金融制度的缺陷；既有投资者行为自身变化的特征，也有金融和经济基础变量的影响；其传导机制也非常复杂，各方面因素都涉及了全社会的经济活动和金融体系的安全和稳定，其中任何一方面出错都会引起金融系统的动荡。由于研究视角的差异，学者们对金融危机形成的认识始终没有统一过。但是从金融层级的角度看，金融危机的发生绝不是某个单方面原因造成的。应该讲，金融危机的形成是金融系统外部因素对金融系统的冲击和金融系统内部因素自身运动相互结合与相互助推的综合作用的结果，可以看出导致金融危机形成的是非常复杂和多变的系统因素。上述的研究文献一方面显示了金融危机形成的复杂性和多变性，另一方面也说明防范和干预金融风险的困难性，这些困难的存在都体现了金融危机理论深入研究的艰巨性。

已有的金融危机形成理论流派众多，其理论观点往往是对金融危机形成的某个阶段、某个层面、某个侧面的认识，对金融危机形成的规律揭示得不全面也不充分，学术界的理论研究远远落后于现实的复杂性和多变性。从方法论上看，西方学者对金融危机形成的研究方法带有浓厚的古典主义和还原论色彩，且存在对客观复杂事实的剪裁过于主观的倾向，传统的金融危机理论过于注重金融危机形成的计量性的研究，忽视金融危机形成的本质性的研究。从金融危机形成的历史可以看出，每一次金融危机都对原有的金融危机形成理论产生着巨大的打击，曾经那些被认为具有很强解释力的金融危机形成理论都需要进行反思和评价。这也表明金融危机的发生和发展是一个动态的过程，金融危机形成理论也应该以动态化的视角来解释金融危机的形成，尽管大量的研究极大地加深了我们对银行过度风险积累及金融危机产生的理解，但是我们绝不能"刻舟求剑"，只有时刻对金融发展和金融理论进行反思才能捕捉到准确的信息，才能得出正确的判断和决策。

马歇尔（Marshall，1920）曾指出，"经济学更接近于生物学而非力学，但生物学比力学复杂，故只好采用力学进行类比，但要牢记生物学的观点。"生物演化强调"演化没有目的，没有方向，并不必然导致更高等事物的出现"，生物演化思想符合经济与社会现实。同时，生物演化范式也适合分析经济和金融系统的复杂性、多样性、持续性及变动性，是一种动态的更接近经济现实的方法论。近年来，虽然有学者从演化范式来研究金融危机的形成，但往往集中于自然科学的分析框架，追求可预测性和可控制性，而金融危机形成的历史和现实暗示着它的不可知性与不可预测性。金融危机形成的内涵尚待挖掘，其发展过程中量的积累和质的提升的深刻内涵仍需要进一步揭示。

## 第三章

# 演化范式对金融危机
# 形成理论的借鉴

近年来，通信技术取得了划时代的发展，人类进入了信息时代。经济学在这些新技术的帮助下得到了长足的发展，无论从内容上还是方法上都得到了根本性改变。主流经济学尤其是新古典经济学理论的解释力日益表现乏力，各种新兴理论对其脱离现实的前提假设和研究方法提出了猛烈的批判与质疑。随着经济内容的丰富和复杂化，主流经济学在分析和解决实际经济问题时越来越吃力，弱点和不足暴露得越来越多，在此时代背景下，演化范式逐步走上历史舞台。

"演化"是常见的生活语言。"演化"作为经济学术语，最早出现在凡勃伦（Veblen）的《经济学为什么不是演化科学》一文中。到20世纪80年代以后，纳尔逊（Nelson）和温特（Winter）合著的《经济变迁的演化理论》在学术界引起巨大反响，标志着经济学的演化分析走上了历史舞台。纳尔逊等认为，"演化"作为经济学术语，它涵盖经济活动的如下特征。① 首先是动态特征，经济活动的变化不是比较静态的，而是每个时点的活动的累积过程，每个时点的变化既来自上一个时点的变化，又

---

① 理查德·纳尔逊，悉尼·温特. 经济变迁的演化理论［M］. 北京：商务印书馆，1997：47.

影响着下一个时点的变化；或者说，每个时点的变化之间是有密切联系的。其次是随机性，尽管时点与时点之间的变化是有联系的，但是每个时点的变化又具有随机性或偶然性，这种随机性或偶然性又面临着它所在的系统的选择，适应系统的就存活下来，不适应系统的就被淘汰。最后是惯性特征，存活下来的经济活动的变化会形成一种惯性，这种惯性保证了存活下来的经济活动的持久性。福斯（Foss）论述了演化分析"是对现存结构的转变和新奇创生与可能传播的调查"。贾根良对演化分析的认识建立在与新古典经济学的比较基础上，他认为，新古典经济学关注存活下来的经济活动，而演化分析关注经济活动是如何存活下来的。以上学者的研究，体现出了经济演化分析的几个基本要素：首先，经济分析是建立在不确定的经济活动基础上的；其次，经济分析的对象是经济活动的变化；再次，以动态分析为主要研究方法，并重视时间因素；最后，经济分析的框架包含遗传、变异和选择机制。

## 第一节 演化范式的形成与发展

### 一、演化范式的形成

#### （一）"演化"的由来

"演化"一词主要用在生物学领域，它和"进化"一词从某种程度上是同一个意思。演化是指包含着生物体内所有信息的遗传基因的变化及其有选择性地在代际间传承的过程。遗传基因的变化称作基因变异，基因变异既可能来自遗传过程中的基因突变，也可能来自环境的刺激。基因变异会改变生物的性状。变异的基因会被自然环境选择，适应自然环境的就存活下来，并在代际间传承下去，表现为具有此种性状的生物越来越普遍；不适应自然环境的则被淘汰，不能在代际间传承下去，表现为具有此种性状的生物越来越稀有。

研究这一演化过程的理论被称为演化论或进化论。生物学家拉马克（Lamarck）是演化学科的奠基人之一，他以提出"用进废退"理论而闻名于世。而现代普遍使用的演化论是达尔文主义的，它们都建立在"物竞天择""适者生存"等自然选择的概念上，这些概念是现代演化理论体系的核心。"自然选择"理论最早出现在达尔文的《物种起源》一书中。之后，孟德尔的遗传学融入达尔文的"自然选择"理论，即将基因融入"自然选择"（机制）之中，形成一套自洽的逻辑体系，这就是现代的演化论。现代演化论对生命的存在及其多样性作出了有力的解释，为人类的活动和科学研究都提供了很好的指引。

现代演化论主要包含"遗传、变异、选择"三个机制。这三个机制不是分开的，而是"三位一体"的，在生物的演化过程中是共同作用的。遗传机制是那些因适应自然环境而存活下来的基因在代际间传承下去，并且越来越普遍；变异机制是遗传过程中或环境刺激导致的随机性的或偶然性的基因突变；选择机制是适应自然环境的基因变异能够存活下来，不适应自然环境的基因变异则会被淘汰。

演化的英文一词是"evolution"。达尔文在《物种起源》第一版中并未使用"evolution"一词，而是用"descent with modification"（修正的传承）、"process of modification"（修正过程）、"doctrine of the modification of species"（物种修正原理）来表述生物改变的过程。达尔文之所以没有采用"evolution"，是因为"evolution"一词含有"进步"的意思，而达尔文明确反对用含有"进步"意思的词来表述生物改变的过程。他曾在《物种起源》[①] 第 7 章中写道："（天择）的最后结果，包括了生物体的进步（advance）及退步（retrogression）这两种现象。"之所以后来演化论广泛使用"evolution"一词，是社会上更加认同"evolution"一词，最终统一为"evolution"，这并不是达尔文的本意，达尔文实际上最终作出了让步。

---

① 达尔文. 物种起源（第六版）［M］. 周建人，叶笃庄，方宗熙，译. 香港：商务印书馆，1995：94－149.

在汉语中，"evolution" 被更广泛地翻译为"进化"，进化含有进步的含义，这更符合社会对人类这一高级"动物"和人类创造的高度文明的认识，人类社会对生物演化的认识更多地倾向于"进步"，但实际上生物演化也包含"退步"，现代演化论对生物演化的认识越来越深刻了，他们越来越认识到生物的演化是随机的，因此更多的学者支持"演化"一词，"演化"一词比较中性，它既能包含"进步"，也能包含"退步"。

### （二）演化范式与经济学的结合

演化范式与经济学的结合，常被称作是演化经济学。本书中的演化范式，可以理解为经济学的演化范式；演化分析，可以理解为是演化范式分析的简称。在本书中，演化范式、演化分析和演化经济学可以理解为同一个意思。

凡勃伦的著名文章《经济学为什么不是演化科学》① 被公认为是经济学演化分析的开山之作。凡勃伦认为，传统经济学中的静态均衡分析脱离实际，而累积原因更符合经济活动的本质，经济分析应该抛弃静态均衡分析而使用累积原因分析。累积原因是指经济活动的变化是累积性的，过去影响现在、现在影响未来，变化与变化之间是有联系的，并且是累积性的和无限性的。凡勃伦认为，本能是人类习惯思想的根本，它影响人们的思想和主导人们的行为。本能是生物演化过程中形成的先天的适应环境的能力。凡勃伦在此基础上阐述了制度的演化，环境的变化作用于人们看待事物的习惯思想，使习惯思想发生改变，适应环境的改变存活下来，形成了新的制度，新的制度作用于过去的习惯思想，并改变着过去的习惯思想形成新的习惯思想。由于社会惯性和心理惯性的存在，新的习惯思想会无限延续下去，直到环境又发生改变。因此，在社会和经济演化过程中，制度既是选择者又是复制者，社会和经济的演化是一

---

① Veblen, T. B. Why Is Economics Not an Evolutionary Science？[J]. Quarterly Journal of Economics 1898, Vol. 12：373 – 393.

种过程规定的经济制度的累积过程。凡勃伦的演化分析只是分散的思想，并没有形成系统理论。

## 二、演化范式的发展

### （一）传统演化范式的发展

熊彼特是除了霍奇逊（Hodgson，1993）之外，绝大部分现代演化经济学家如多西等（Dosi et al.，1988）、纳尔逊和温特（Nelson & Winter，1982）、威特（Witt，1993）等都公认的利用演化思想来研究市场经济的提倡者。几乎所有的现代演化经济学家都是从熊彼特的主要著作（1943，1939，1934）中获得灵感。与源自物理学的经济学方法论传统相反，熊彼特重要的理论贡献之一是，他认为经济发展或经济演化的过程就是创新的过程，演化的根源和特征就是过程创新。他认为，经济制度的本质就是演化着的过程，包括资本主义也是如此。他对传统经济学的静态分析持批评态度。他认为，静态分析只能解释经济活动变化发生后的均衡状态，不能分析变化发生的过程，也不能预测间断性变化发生的结果。熊彼特更关注非连续性的经济活动的演化，他认为这才是演化的根本性特征。

在熊彼特之后，在很长一段时间里，演化主义在经济学领域里表现式微，占绝对优势的是追求高深数学模型的新古典主义和后期的凯恩斯主义，只有少数学者如哈耶克（Hayek，1945）、阿尔钦（Alchian，1950）、彭罗斯（Penrose，1952）等，在经济学中曾使用生物类比的方法继续传播演化经济学。其中，哈耶克对夸大人类认识的有效性持否定态度，而特别强调试错的重要性。他认为，人们只有通过不断试错才能找到更适合的秩序，这种通过不断试错寻找到的秩序就叫作自发秩序，试错的过程就是自发秩序演化的过程，当然，新的自发秩序也是建立在过去成功的秩序基础上的。在这一演化过程中，自由是非常重要的前提条件，它决定了试错的机会的多少，进而决定了试错的质量和自发秩序的文明程度。

## （二）现代演化范式的发展

经济学演化范式在纳尔逊和温特的发挥下独成一派，并使演化分析具有了鲜明的特色，其代表性著作是《经济变迁的演化理论》。1981年鲍尔丁（Bowlding）出版的《演化经济学》也是这一时期的重要论著。纳尔逊和温特总结了主流经济学的核心特征——利益最大化的完全理性假设和经济均衡这两大基本支柱，并对此进行了猛烈的批判，在此基础上他们提出了更符合实际的演化分析理论。纳尔逊和温特的演化理论将主流经济学的利益最大化决策规则替代为惯例化决策规则，均衡状态被竞争性过程取代。纳尔逊和温特的演化分析框架包括惯例、搜寻和创新、选择。惯例记录了人们后天习得的所有与生存相关的知识和技能，其特征是下意识的、自动化的、程序化的。惯例中的搜寻特点使惯例中的信息在原有的基础上不断地发生着变化，经济的演化过程就是惯例的搜寻和选择过程。

经过20多年的发展，现代演化理论通过对以新古典经济学为代表的传统主流经济学的批判、本学科基本概念和基本范式的建立，能够更全面和更深入地对经济各个领域进行系统化的演化分析，并形成了比较成熟的理论体系。这些进步具体体现在：（1）划分微观、中观和宏观演化经济学层次和建立三大理论体系（Dopfer，2001；Dopfer et al.，2004，2005；Potts，2000）；（2）演化经济学思想在众多经济学分支，如产业创新分析（Malerba，2002，2005）、可持续发展、能源和环境问题（Buenstorf，2004；Van den Bergh & Gowdy，2001）以及经济地理学（Boschma & Lambooy，1999；Lambooy & Boschma，2001）中全面引入；（3）演化经济学和制度经济学一定意义的交融与渗透（Nelson，2002；Nelson & Sampat，2001；Schamp，2002；Pelikan，2003）；（4）由演化机理分析转向政策理论研究（Witt，2003；Dopfe，2004）。演化理论的这些发展意味着演化理论越来越能为理论界所接受，并形成了一种传播效应，同时也说明演化理论对社会经济过程更具有解释力和竞争力。

## 第二节 演化范式的基本假设和主要方法

### 一、演化范式的基本假设

经济学的基本假设是经济理论体系赖以建立和理论逻辑分析展开的逻辑起点或基本的理论基础。主流经济学的基础假设是"理性人"，而演化范式的基本假设以"现实人"前提，并以现实人与环境之间的相互转换和共同演化为基本出发点。演化范式的基本假设大致包括复杂行为人、心智重要、满意假说、不确定性和多样性、历史重要性等基本假设，这些假设都源自演化的基本规律和基本特征。

#### （一）复杂行为人假设

由于人的知识的不完备、信息的不完全、未来的不确定性以及环境的复杂性，因此，理性是特定认知状态下的理性，理性是不断演化的，不是给定不变的，它是行为主体在后天不断搜寻和发现中演化而来的，它本身也是一种认知过程。主流经济学中的"理性人"是一种静态条件下的理想模式，从演化观来看，把行为人假定为"理性人"与动态的经济活动的演化过程是不相符的。事实上，行为人自身的认知是复杂的，并且行为人在与环境的共同演化的过程中使行为人的行为更为复杂。这种复杂性必须从生物演化的角度进行认识才能对经济活动找到科学合理的解释。演化范式综合了各种研究人类认知和行为的科学研究成果与研究思路，对人类认知和行为的构成要素极为重视。虽然演化范式也是研究经济利益，人们在追求经济利益的这一方面与传统经济学的人格假设并无二致，但是它对人类追求经济利益的方式和过程与主流经济学有着本质的差异，现实人的行为受到各种因素的影响，这些因素交织在一起极为复杂，正是这种复杂性造就了复杂的人，也正是由于人的复杂性造就了复杂的经济活动，这一过程是相互转换和共同演化的。

### （二）心智重要假设

简单地讲，人们认识世界的能力就是心智，心智和认知可以等同。从认知科学的角度讲，人们的认知过程是大脑对信息进行加工的过程，它包括人类的知识、信念、期望等，表现为学习、推理、决策等经济行为，其信息加工过程是自主过程。认知科学研究表明，人类大脑对信息进行加工的过程极为复杂，尤其是在完全不确定的条件下的认知过程是很困难的。所谓完全不确定条件是指行为人对眼前的新状况一无所知，行为人既不了解自己的约束条件，也不了解自己的偏好和目标，无从找到决策规则。面对这样的情境，最优化效用不可能成为行为主体的决策规则，在此时，人们的知识积累、信念、期望、情绪、学习能力和创造性都会对大脑的认知以及行为人的行为产生极大的影响，并且成为导致行为结果的关键因素。

### （三）满意度假设

面对完全不确定的条件，完全理性的利益最大化是不可能实现的。由于人们的受限的理性，因此现实中人们的行为经常是一种试错过程，他们为了避免试错过程中的错误给自己带来难以预计的代价和损失，在完全不确定条件下的另一种可能选择的决策规则是"满意决策"，即人们不追求利益最大化，其选择结果只要满意就好。"满意决策"是一种行为主体的行动满足了他所设定的"抱负水平"的行为，于是他会选择这个行动。如果行为主体可以很容易地找到满足他"抱负水平"的行为，那么行为主体就会动态地提高他的需求水平；如果行为主体很难找到满足他"抱负水平"的行为，那么行为主体就会选择放弃和逃避。抱负水平是指人们的一种期望结果。由于人们的认知能力是有差异的，因此不同人的抱负水平是不同的。抱负水平不是固定不变的，它会随着满足的频数而改变，这也反映了人们决策的动态过程。

满意假设与最优假设的区别是满意决策是试错性的，而最优假设是参照性的；满意假设是演化的，而最优假设是静态的；满意假设是现实的，最优假设是理想的。应该深入理解现实人的满意决策规则，这是演化范式研究经济活动的逻辑起点。

### （四）不确定性和多样性假设

演化范式对世界认识的主要特征是不确定性和多样性，这是演化范式与主流经济学的重要区别之一。演化范式认为世界的本质是不确定的，不确定性应该是人类观察世界的逻辑起点。不确定性主要是指经济活动中经常会出现新的事物，人们对眼前的新事物一无所知，行为人既不了解自己的约束条件，也不了解自己的偏好和目标，无从找到决策规则。多样性主要是指经济活动中经常会出现多样化的事物和行为，人们的经济行为是异质的，不同的人的经济行为产生了不同的经济结果，创造出不同的事物。

世界是复杂的，而经济活动中行为人的复杂性和行为人有目的的搜寻使经济活动呈现出不确定性与多样性，经济活动中行为人的复杂性和行为人有目的的搜寻是经济活动呈现不确定性和多样性的根源。经济活动中行为人的外部环境和内部环境总在发生变化，外部环境的变化时刻影响、改变着行为人的认知，改变后的行为人的认知反过来又影响着外部环境，使外部环境发生某种程度的改变。也就是说，在人类的大脑对外部信息加工的过程中，既努力使信息准确无误，也对信息进行着创造性的加工，改变了原有信息，增加了新的信息。这些新的信息丰富了原有信息，呈现出多样性特征，同时这种多样性也使信息更加复杂地呈现在人们面前。

### （五）历史重要

演化意味着人类的行为随着时间的进展而发生变化，时间是不可逆的，人类行为在每一个时点上都形成了累积，因此，人类的行为也是不可逆的。因此，时间非常重要，以时间为基础的历史发展过程也非常重要。时间和历史发展过程对经济系统的运行十分重要，相对于主流经济学的均衡分析，对动态的历史发展过程的分析更符合经济运行的实际。

即使导致经济系统变化的因素对经济系统的影响力减弱，经济系统也不会回到原有的状态，这是动态变化的本质，这也是演化理论与主流经济学对经济活动认识的主要区别之一。因此，这里"历史"并不仅仅是从历史中归纳出经济发展规律的"历史分析"，也并不仅仅是指过去对现在和未来的影响，而是突出经济过程具有路径依赖、不确定性和时间不可逆等重要特征。温特和纳尔逊指出"经济发展过程是一个马尔科夫过程，某一时期一个行业的状况决定它在下一个时期的状况的概率分布"①。

## 二、演化范式的主要方法

### （一）个体行为与群体行为互动的方法

进化论对人类的重要贡献之一，就是人类对生物演化的认识不是从一个静态的结构性的探索中寻找答案，而是从一个互相间有差异性的群体内各个要素，以及互相间有差异性的群体与群体之间的竞争中再生产出下一代个体或群体的群体演化中来寻找答案。群体的存在为群体之间的选择淘汰提供可能性，个体的思考与个体的群思考有本质上的区别，个体的思考并不能解决个体的生存问题，而个体的群思考才是解决个体生存问题的根本。这是演化理论与主流经济学的微观个体利益最大化理论的重要区别，这也是演化理论对经济学的重要贡献。演化理论对个体和群体之间的区分以及两者的对应关系极为重视。我们通常将个人或企业看作是个体，把产业或宏观经济看作是群体，但是在实际经济活动中，个体和群体所对应的经济活动并不是固定不变的，它的变化取决于我们在什么水平和视角上来描述我们的研究对象。如果我们研究企业的演化，把企业的一系列规则作为经济基因，研究企业中人们之间的关系，那么企业就是群体，企业中的人就是人格个体。群体中某种行为变化的频率使之在群体中成为多数时，一种主导性的技术、一种主导性的经济现象、

---

① 理查德·纳尔逊，悉尼·温特. 经济变迁的演化理论［M］. 北京：商务印书馆，1997：45.

一种主导性的企业制度、一个主导性的社会制度体系才会形成。

## （二）回溯法（abduction）

回溯法适合于社会科学的研究，它不同于自然科学的研究方法。演化理论认为基于假说基础上建立起来的逻辑体系或者是基于经验基础上归纳出来的理论学说并不能发现社会和经济活动的本质与根源，也不能勾画出符合客观实际的社会和经济的真实结构与运行机制。而回溯法的特点是建立在行为人的直觉和灵感的基础上，它符合真实的或现实人的写照，符合社会和经济活动的本源与逻辑起点，在此基础上建立起来的逻辑体系和理论学说更能反映社会与经济活动的结构及运行机制。与此相对应，证伪主义将科学发现的逻辑归纳为"问题—猜测—反驳"模式。演化理论对回溯法十分重视，回溯法的直觉和灵感的运行机制来自认知原理，而人类的认知与生物进行密切相关，这样回溯法就与演化理论建立了桥梁，回溯法在认知科学基础上寻找经济活动中的生物演化机制，从经济活动的外在特征探寻到经济活动的内在结构，从而揭示经济活动的动态的演化过程和演化机制。回溯法能够从社会和经济活动中寻找到其符合客观实际和科学机制，是科学创造力的一种重要研究方法。

## （三）时空相对性分析方法

社会和经济活动有一般的或普遍的规律性，因此，在较长的时期内人们遵守着以普遍规律为基础的社会和经济活动的规则，这些规则可以看作是社会和经济活动的基因。社会和经济活动的演化是在社会和经济活动中的人们在这些规律与规则基础上的生物性的或类似于生物性的变化或变异，以及这些变化或变异存活和淘汰的动态过程。这种变化或变异既来自时空的转换，又受时空转换的制约，可以说它们是与时空相互转换和共同演化的过程。具体来讲，同一种社会或经济活动在不同的历史时期或不同的地理领域表现出不同的规律性，人们会选择不同的决策规则。人们对于规律和规则的认知是在时空的演进中渐变累积的结果，它们受到历史发展脉络和地理领域的影响，不同时期和不同地域的经济发展的内部规律及运行模式会出现差异，最终哪种变化或变异会存活和得以传播是不确定的。所以，在经济研究中，必须重视时空的差异分析，比较不同国家和地区在不同发展阶段中的特殊性。

## 第三节 演化范式的分析框架

演化分析框架主要来自达尔文的遗传、变异、选择机制，在其基础上演绎出了经济学的演化分析框架，最有代表性的是纳尔逊和温特的演化分析框架，之后演化分析分成了微观演化和宏观演化。

### 一、达尔文主义的遗传、变异、选择分析框架

#### （一）遗传机制

遗传机制分析的是经济系统中涵盖行为主体所有信息、能够控制行为主体所有行为，并且能够使行为主体的所有信息和行为特征世代相传的经济基因对经济活动的影响。经济基因可以被看作是一切经济活动的逻辑起点，即所有的经济活动的特征都是基于所有行为主体的经济基因来构建的，行为主体的经济基因隐含或包含着行为主体从事经济活动的全部信息，控制着行为主体从事经济活动的性质、状态和特征，推动行为主体有次序地安排和组织各种经济活动，确定行为主体在经济活动中自始至终的"活性"及其在经济活动中的"个性"。可以说，经济活动的每一个方面都与行为主体的经济基因有关，行为主体的经济基因是决定行为主体在经济系统中较为稳定地、持续地发挥作用的内在因素。

#### （二）变异机制

人类的生物性变异实质上是遗传物质的改变导致的遗传信息的增加、缺失或替换。经济活动的变异归根结底是经济基因中储存的信息的增加、

缺失或替换。经济基因中储存的信息都可能发生变化，经济基因中储存的信息的增加、缺失或替换使经济基因发生了"变异"，形成了新的经济基因。新的经济基因与原有的经济基因一样会影响行为主体的决策行为，从而改变行为主体经济活动的性质、状态和特征，改变行为主体安排和组织各种经济活动的次序，改变行为主体在经济活动中的"活性"及其在经济活动中的"个性"。可以说，经济基因中储存的信息的变化对经济活动的每一个方面都有着重大的影响，它们决定着行为主体在经济系统中发挥作用的稳定性和持续性。

威特认为，对于人类不能认知和无法认知的事物予以划定，经济基因的变异的范围也就能够判断出来，演化分析能够分析经济基因变异的发生过程和发生原因。[①] 经济基因的变异从根本上讲是行为主体心智规律基础上的创造，由于行为主体的心智是有差异的，因此不同行为主体的经济基因的变异就来自这些行为主体已有的认知水平和认知能力，比如其知识和经验，以及其学习和推理能力。

### （三）选择机制

经济系统同生物界一样，也是遵循着"物竞天择、适者生存"的自然选择机制。经济系统中的行为主体的规模不会无限制地扩大下去，因为同生物界一样经济系统存在着生存的竞争，这种生存的竞争本质上是各种经济基因的生存竞争，能够生存下来的行为主体归因于其适应性增强了的经济基因。就是因为各种经济基因的生存竞争，才使各种经济基因及其引领的各种经济活动在一定的时期内都保持相对的稳定状态。

在经济基因与经济系统的相互作用下，经济基因会不断地发生变异，那些适应性强的经济基因的变异容易在生存竞争中获胜而生存下去；反之，那些适应性不强的经济基因的变异则容易在生存竞争中失败而被淘汰。在经济系统中，自然选择是行为主体与经济系统相互作用淘汰不适

---

① 乌尔里克·威特. 演化经济学：一个阐释性评价 [M]. 北京：高等教育出版社，2004：40 - 66.

应的经济基因、保留适应的经济基因的过程。行为主体的经济基因产生于经济系统，不同的时间和不同的经济系统对行为主体的影响都不同。行为主体在特定的经济系统中进行决策，不同的经济系统衍生出不同的经济基因。由于经济系统是多种多样的，因此，经济基因适应经济系统的方式也是多种多样的，经过自然选择也就形成了经济基因的多样性。它们之间的相互作用创造出更加丰富的经济基因，进而使各种金融活动更加丰富和多样，使经济系统更加稳定和持久。

从群体遗传学的角度，经济系统的最适者不是一个经济基因，而是一个对经济系统的适应性增强了的"经济基因库"，即能够存活下来的新的经济基因一定是原有的经济基因的有差异的延续，这些有差异的经济基因为经济系统提供了丰富的"基因库"。任何一种存活下来的经济基因的使命都是为了丰富经济系统的"基因库"，即增强原有的经济基因在复杂的而且时常变化的经济系统下的适应性，进而增强各种金融活动在复杂的而且时常变化的经济系统下的适应性。

## 二、纳尔逊和温特的分析框架

经济学演化范式在纳尔逊和温特的发挥下独成一派，并使演化分析具有了鲜明的特色，其代表性著作是《经济变迁的演化理论》。纳尔逊和温特的演化分析理论关注企业的成长，并以此为基础解释了市场、行业和宏观层面经济增长的动态演化过程。纳尔逊和温特虽没有明确提出生物演化的概念和机制，但是他们的整个分析框架和分析过程处处都隐含着遗传、变异、选择等生物演化机制，这个演化机制不仅仅是达尔文式的，而更多是拉马克式（Lamarck）的，即不仅仅是自然选择性的遗传，而更多是获得性遗传。他们总结了主流经济学的核心特征——利益最大化的完全理性假设和经济均衡这两大基本支柱，并对此进行了猛烈批判，在此基础上他们提出了更符合实际的演化分析理论。他们认为，在主流经济学中，可供选择的技术集合是固定的，而决策规则被假定为最大化的结果。企业必须在经济活动中获得最大利润，否则就不能在竞争中生存，所以，企业的目标是利润最大化。演化理论则认为，企业的目标是追求利润，但不是利润最大化。现实中，人的理性是受到限制的，这种限制性使人们的最大化决策规则往往不能带来更大的收益，反而会带来更大的风险和代价，因此人们更现实的决策规则是满意即可。主流经济学中，经济是处于均衡状态的，经济处于均衡状态是指企业都按各自的生产容量进行生产，既不扩大也不缩小。演化理论认为，经济均衡只能是暂时的，而不能长期存在，通过竞争，经济状况总会发生变化，企业行为和市场情况都随着时间推移而由动态过程决定。主流经济学并没有描述竞争的动态过程，而只描述了生存下来的人与人之间的关系。演化理论应该重点描述竞争的动态过程，揭示非均衡的内在规律。纳尔逊和温特的演化理论将主流经济学的利益最大化决策规则替代为惯例化决策规则，均衡状态被竞争性过程取代。纳尔逊和温特的演化分析框架包括惯例、搜寻和创新、选择。

## （一）惯例

惯例是指企业有固定的行事方式，生产、惯例、销售、投资与研发都有一定的惯例，整个企业的运转离不开这些惯例。惯例是"一切规则的和可以预测的企业行为方式"①、"与生存有关系的是在反复发生的环境里采取的行动"②，这就是惯例化行动和其他某一行动的区别。惯例一般起着基因的作用。惯例记录了人们后天习得的所有与生存相关的知识和技能，它是历史的载体，因此具有"物质性"和"信息性"的属性。惯例会影响人们决策行为的变化，从而改变人们经济活动的性质、状态和特征，改变人们安排和组织各种金融活动的次序，改变人们在金融活动中的"活性"及其在金融活动中的"个性"。可以说，惯例中储存的信息的变化对经济活动的每一个方面都有着重大的影响，它决定着人们在经济系统中发挥作用的稳定性和持续性。

---

① 理查德·纳尔逊，悉尼·温特. 经济变迁的演化理论［M］. 北京：商务印书馆，1997：19.
② 理查德·纳尔逊，悉尼·温特. 经济变迁的演化理论［M］. 北京：商务印书馆，1997：50.

惯例集成了人们后天习得的所有知识和技能并且融入原有的决策模式中，因此，惯例一旦形成就具有了两个特点：一个是复制自己的特点，即通过人们之间的互相模仿来传播和传承；另一个是搜寻新的惯例的特点，即基于较低层次的惯例寻找和发现到了较高层次的惯例，这种寻找过程与其原有的惯例有很大关系，原有的惯例提供的不同的可能决定了不同的新的惯例的可能路径。

### （二）搜寻和创新

惯例中的搜寻特点使惯例中的信息在原有的基础上不断发生着变化，惯例的搜寻行为不同于惯例的自动化反应行为。以现有的惯例作为目标而开始的解决问题的努力，可能导致惯例不断被创新。行为主体会不断搜寻新的信息和学习新的知识，形成了新的惯例，如果这些新的惯例在市场竞争中获得优势，那么其就会获得超额的利润，这也是行为主体不断搜寻新的信息和学习新的知识的动力。惯例的搜寻是不确定的，而且搜寻信息的过程是不可逆的，因此惯例创新的结果也是不确定的，惯例的创新很难被准确地预见到。但是，惯例的创新是原有的要素的新的组合，它是在原有惯例基础上发生的，因此这为我们观察惯例的创新提供了很多有用的信息。

### （三）选择

惯例为何被传播和如何被传播决定了哪种惯例最终生存下来、哪种惯例最终被淘汰。主流经济学中的利益最大化的决策规则实际上是一种预定的决策规则，这种决策规则隐含了完全信息的假设。而纳尔逊和温特的演化理论认为，现实中信息是不完全的，行为主体经常会遇到没有预定的决策规则未知的事物，行为主体经常会选择审慎思考的决策规则。在这一过程中，搜寻和选择是同时起作用的，行为主体最后的决策是其综合作用的结果。在很难作出独立判断的条件下，按照个体群思考方法，一个个体对创新的惯例是模仿还是反对受群体成员选择的影响。群体成员模仿得越多，新的惯例就越容易被传播；反之，群体成员模仿得越少，新的惯例就越容易被淘汰。

纳尔逊和温特将市场看作一种选择环境，他们认为，熊彼特的演化理论很好地诠释了这一点，市场具有既有"胡萝卜"又有"棍棒"的功能，能够推动企业引进较好的生产方式或产品。[①] 企业在面临环境变化且有几种可供选择的方案时，企业要进行选择。选择的环境包括外部环境（如产品需求、要素供给、价格等市场环境）和内部环境（如创新引起的变化等）。选择的环境的变化对企业的成败兴衰有很大影响。当外部环境或内部环境中的某些要素发生变化时，行为主体就会启动搜寻功能，重新组合原有信息，产生新的决策惯例。从历史上惯例的创新规律来看，惯例的创新经常与外部环境或内部环境中有影响力的某些要素的变化相关，这些有影响力的要素的变化往往涉及政治、文化或生活中有影响力的政策和观念。由于环境的变化是复杂多样的，因此不同行为主体的搜寻过程也会出现差异，形成了多样性的惯例，最终哪类惯例能够广为传播和存活下去是不确定的。

## 三、微观和宏观演化分析框架

### （一）微观演化分析框架

演化理论对微观个体的分析着重于微观个体偏好的演化，即经济基因变异的微观基础。经济基因的变异最初来自微观个体搜寻的动力，微观个体的偏好给予微观个体搜寻的动力以及搜寻的方向。偏好演化在演化理论中是有限理性的选择，是微观个体对自己更满意的偏好的学习或搜寻过程。所谓更满意的偏好一般来讲指的是更高的收益，我们这里的收益既包括外在的货币化的物质收益，也包括内在的道德化的价值收益等。偏好演化既包括微观个体模仿已有的令其更满意的偏好，也包括创生出新的令其更满意的偏好。

---

① 理查德·纳尔逊，悉尼·温特. 经济变迁的演化理论［M］. 北京：商务印书馆，1997：293.

偏好演化的动力机制可以简单地分为四类：首先是物质收益驱动的偏好演化，即由于物质收益的增加导致微观个体改变原有偏好的演化。其次是信念驱动的偏好演化，即在不确定性的情景下，由于微观个体对自然状态分布信念的变化导致微观个体的期望收益发生变化的偏好演化。再次是价值驱动的偏好演化，即由于微观个体对行为的价值判断发生变化导致微观个体改变原有偏好的演化。最后是心智或认知模式驱动的偏好演化，即由于心智或认知模式发生变化导致微观个体改变原有偏好的演化。心智或认知模式最为复杂，其变化也最为缓慢。心智或认知模式是结构性的，其变化会导致以上三种动力机制都发生变化。前三种动力机制的偏好演化实际上都是由收益（包括外在物质收益和内在价值收益）变化驱动的偏好演化。心智或认知模式驱动的偏好演化则涉及微观个体认知规则本身的变化。认知规则决定了微观个体采取何种信息加工模式来改变原有偏好。

## （二）宏观演化分析框架

演化理论对宏观群体的分析着重于宏观群体的多样性，即经济基因自然选择的结果。行为主体的经济基因的变异既产生于经济环境又被经济环境所选择。不同的时间和不同的经济环境对行为主体的影响与刺激都是不同的，行为主体在特定的经济环境中进行搜寻，不同的经济环境导致经济基因发生不同的变异。正是由于经济环境的多种性导致变异的经济基因适应经济环境的方式是多种多样的，经过自然选择也就形成了经济基因的多样性。经济基因与经济环境之间的相互作用创造出更加丰富的经济基因，进而使经济活动更加丰富和多样，使经济环境更加稳定和持久。

## （三）路径依赖

无论是微观演化还是宏观演化，经济演化的过程中都存在着路径依赖。路径依赖可以理解为在经济演化过程中，经济基因的变异依赖于原有经济基因，原有经济基因的性质、结构、状态和特征都会制约并影响着经济基因的变异。也就是说，一种经济基因的变异和演化受制于之前的经济基因，又制约着下一种变异的经济基因。正如纳尔逊和温特所言，"通过搜寻和选择的联合行动，企业随着时间而演变，行业在每个时期的状况带有它在下一个时期状况的种子。"[①]

路径依赖包含两种形式：一种是内隐性选择；另一种是外显性选择。内隐性选择是因为这种选择更具有现实的客观性，它更能客观反映经济环境中各种要素的变化，如外在的货币化的物质收益的增加或内在的道德化的价值收益的提高，这些都能给微观个体带来切实的收益。外显性选择是因为在不确定条件下，行为主体的信息是不完全的，因此他们就面临着不确定带来的风险，这样他们会对社会群体产生依赖，他们遵从少数服从多数的原则，把其他行为主体的选择作为自身选择和决策的基础，从中寻找一种安全感。

经济基因的变异的路径依赖意味着经济基因的变异并不是凭空出现的，而是依赖于行为主体已有的认知。从生物学角度，生物的进化是极其缓慢的过程，大部分的基因变异都是微小变化的累积过程、是渐变过程，经济基因的变异本质上是行为主体认知的变化，而认知是基于生理基础的，因此认知变化也遵循着渐变规律。经济基因的变异依赖于行为主体已有的认知，也依赖于经济环境的演进，这是一个渐变的过程。行为主体的认知是在经济环境的演进中渐变累积的结果，因此，经济基因的变异受到历史发展脉络的影响。尽管最终哪类经济基因能够传播和存活是不确定的，但是我们可以依据历史的经济基因，排除某些经济基因出现的可能性，大致推测未来经济基因的特征。

## 第四节　演化范式对金融危机形成理论的补充

马歇尔曾认为，用生物学的方法研究经济要比古典力学的方法更适

---

① 理查德·纳尔逊，悉尼·温特. 经济变迁的演化理论 [M]. 北京：商务印书馆，1997：25.

用，越来越多的经济学家开始认同这一观点。霍奇逊（G. M. Hodgson，2007）认为："经济学研究的对象是人类社会，人类是有主观能动性的生物，有创造和改变的能力。"主流经济学忽略了经济系统中行为主体内部的变量，认为创新只是一种异常的扰动，并不具有决定性作用。这就相当于把行为主体的活动看作是一个简单的、自我封闭的过程，由这样的逻辑建立起来的经济理论是不可持续的（Hodgson，2002）。生物学的研究方法则更彰显行为主体的灵活性，并且它的开放性综合了各种研究方法的优势。霍奇逊（2007）还指出，"生物学思想之所以与经济学相关的另一个极端重要的理由是，经济系统和生物系统都是极为复杂的系统，都带有繁杂的结构和因果关系，既包含了连续的变化，也包含极大的多样性。"

## 一、演化范式在行为主体假设上的补充

### （一）主流经济学的行为主体假设

现代主流经济学假设行为主体的决策模式是"理性人"，即在经济活动中，行为主体的核心目标是"利益最大化"，行为主体的决策规则始终围绕着利益最大化，如消费者的核心目标是满意程度的最大化，生产者的核心目标是利润的最大化。利益最大化是指在成本（可以将风险看作是成本）不变时，行为主体追求收益最大化；在收益不变时，行为主体追求成本最小化。具体地讲，行为主体对于偏好的一系列可行的组合进行两两比较，从中选择出偏好最大的一组组合。行为主体的"偏好"是给定的、明确的和清晰的。"理性人"中对"偏好"的定义是行为主体对风险是厌恶的，因此风险可以看作是成本，对风险的厌恶是行为主体的又一个假设的决策规则。具体地讲，行为主体对于预期收益率相同而方差不同的一系列可行的组合进行两两比较，从中选择出方差最小的一组组合。偏好关系的两个基本假设是完备性和传递性。行为主体的"比较"能力是"无偏"的，即行为主体能够对信息作出准确的加工和计算，信

息不会在加工和计算过程中发生丢失、扭曲和错误，人们能够对资产进行准确的定价。非理性的行为主体会在套利交易过程中回归理性，非理性行为只是暂时的，很快就会消失。因此，行为主体的认知模式是相同的，即行为主体对资产的收益、成本和风险等具有完全相同的预期，具体地讲，行为主体评估资产收益、成本及风险的工具和方法都是相同的，都会选择最优的组合。金融危机形成的传统理论的新发展虽然也引入了现实人行为的研究成果，但是并没有深入地分析经济活动中现实人的行为及其心智规律，更没有系统地以现实人的心智规律作为金融危机形成的理论的研究基础。

### （二）非主流经济学在行为主体假设上的补充

新兴的非主流经济学为人们更深入地认识经济活动中现实人的心智规律提供了丰富的知识和信息，它们都在理性人方面对主流经济学提出了严厉的批评，并进行了丰富的补充。这些非主流经济学主要有行为经济学、神经经济学、认知经济学和演化经济学，这些经济学分支借助跨学科的优势使现实人的心智规律在研究层次、方法和模型上发生了重要变化。在研究层次上，经济学家对现实人的心智规律的研究从行为层次进入到基于认知科学的信息加工层次和脑神经层次；在研究方法上，经济学家对现实人的心智规律的研究从数学、计量经济学等方法的运用进入到行为实验、脑功能成像技术和演化分析层次；在研究模型上，经济学家从理性计算模型发展到一些基于情绪或生物演化的决策模型。未来的金融危机理论需要综合这些关于心智规律的研究。

行为经济学以更为现实的心理学为基础，将心理学的最新研究成果融入主流经济学的经典理论中，并以这些新的研究成果作为假设或逻辑起点，这些假设和逻辑起点不断融入更多的符合实际的心理内容，丰富了主流经济学的公理化假设，也使这些假设更加的科学合理，使新的理论的解释力更加的科学合理，使其预测力也更强。行为经济学最著名的理论是卡纳曼和特沃斯基（Kahneman & Tversky，1979）提出的"前景理论"，"前景理论"经过两位经济学家的不断修正和拓展，被命名为"累积前景理论"。"累积前景理论"对经济行为的解释更贴近实际。格涅斯索夫和梅耶尔（Genesove & Mayer，2001）利用"前景理论"解释了房产市场中售房者的损失厌恶行为。行为经济学常使用的方法是实验方法，实验方法最重要的是对实验的设计，通过科学合理的实验设计，实验方法能够很好地对研究对象进行分类，并准确地获得各种变量影响研究对象的信息，这些信息用观察法是无法实际获取的，因此，实验法比观察法更易于实现对相关变量的控制，使研究者仅通过对变量的操纵就可决定它们发挥影响的方式。

神经经济学以神经科学为基础，综合了经济学和心理学，它采用正电子发射断层扫描（PET）、功能性磁共振成像（fMRI）、脑电图学（EEG）、区域性脑血流标记法（rCBF），以及近些年来兴起的功能性近红外脑成像（fNIRI）等脑部扫描和成像技术来研究经济行为的神经机制。这些研究方法的共同特点是通过对大脑中特定区域的生物电和血流的变化的观察与检测来分析、判断行为主体的思维活动与心理活动。研究发现，不同的思维活动和心理活动与大脑中特定区域的生物电及血流的变化具有显著的相关性；研究还发现，不同的思维活动和心理活动与不同的化学递质具有显著的相关性，这些研究结果都表明大脑的解剖结构十分重要。当我们掌握了人脑的每个部位与哪种心理活动或情绪有关之后，就能透彻地解答许多关于行为经济学的问题。一些学者认为，神经经济学是从神经科学的角度对行为作出更为科学合理的解释，它是行为经济学在生理层面的延伸，它比行为经济学更为深入。

认知经济学是以认知科学为基础，将认知科学的相关理论运用到经济学的研究中，来解释行为主体在经济活动中是如何对信息进行加工的，它是建立在行为主体的认知能力基础上的，它包括行为主体的知识、信念、期望等，它的具体形式表现为学习、推理、决策等经济行为。西蒙（Simon，1958）阐述了行为主体的认知原则："决定人选择的因素不仅包括一些整体的目标和外界的一些条件，还取决于人们是否掌握关于世界的知识、是否具备使用这些知识的能力和决定采取何种行动、应对不确定性、在几种相互冲突的欲望间作出选择的能力，以及运用这些知识作出判断的能力。"布尔格尼和纳达尔（Bourgnie & Nadal，2004）认为，认知经济学的主要特征是利用计算机技术来构建和模拟行为主体对信息进行加工的过程，从中找出行为主体对信息进行加工的内在机制，计算机技术的利用使人们对行为主体的信息加工的过程和机制的认识更科学化，更能科学合理地解释经济现象和经济活动。例如，通过利用计算机技术构建和模拟行为主体面对不同的回报时的学习与决策的过程，从而找到行为主体学习和决策的内在机制。

卿志琼（2012）将行为经济学、神经经济学和认知经济学对人的心智机制的描述进行了归纳与比较，笔者在其基础上进行了修改，如表3.1所示。

**表3.1　　　　不同情境的脑神经机制、认知机制和行为机制的比较**

| 项目 | 情境 | 脑神经机制 | 认知机制 | 行为机制 |
|---|---|---|---|---|
| 环境 | 危险 | 边缘系统 | 情绪自动加工 | 应急反应 |
| | 不确定 | 眶额皮层和腹侧正中前额叶大脑皮质 | 情绪主导加工 | 情绪启发式 |
| 信息 | 刺激强和时间长 | 情绪系统 | 情绪自动加工 | 情感偏向 |
| | 信息复杂性和模糊性 | 情绪与认知系统竞争 | 情绪主导加工 | 情绪启发式 |
| 目标 | 目标短期 | 边缘系统 | 情绪自动加工 | 情感冲动 |
| | 目标长期 | 前额叶 | 情绪主导加工 | 理性、理智 |

资料来源：卿志琼. 从认知科学到经济学：情绪介入经济决策的内在机理研究［J］. 财经研究，2012，38（1）：72－83.

### （三）演化范式对行为主体假设的综合

综合各种非主流经济学说对心智规律的认知，可以发现非主流经济学对现实人心智规律的认知与主流经济学有很大的不同，神经经济学、认知经济学、行为经济学都能更接近实际地发现行为主体的理性不足，并且行为主体的心智是复杂的且相互之间存在差异，它们都试图以此为逻辑起点对主流经济学加以发展和完善。同时，神经经济学、认知经济学、行为经济学之间又具有各自鲜明的特点。

神经经济学是运用脑神经科学技术来确定与经济决策相关的脑神经

机制，而脑神经组织结构和功能的差异是神经机制的基础，也是人的心智规律的基础，或者说，脑神经组织结构和功能的差异从根本上决定着人的心智规律，决定着影响金融危机发生的重要因素。而且，脑神经科学技术能够通过观察大脑内部来观察人的行为，它探讨的是"黑箱子"，因此，它能最直接地测量人的经济行为。

如果把神经经济学研究的对象比喻成经济活动中的"信息接收器"，那么认知经济学研究的就是经济活动中的信息加工程序，尽管认知经济学也以神经科学为基础，但它更侧重于信息加工的程序；如果说脑神经组织结构和功能的差异来自生物学上的遗传与变异，那么认知能力的差异就来自社会学上的"遗传"和"变异"，这是神经经济学无法深入研究和解释的，在这一点上认知经济学反而能为神经经济学提供更为丰富的信息处理方面的理论支持。

行为经济学研究的也是经济活动中信息加工的程序，但是认知经济学侧重的是信息加工和执行的过程，而行为经济学侧重的是信息加工程序与执行结果的关系。行为经济学借助认知心理学中相关理论与假设，通过观察和比较行为主体在学习、推理和决策等行为方面的差异来描述、揭示认知心理学相关理论与经济行为结果之间的关系，并运用这些关系分析经济问题，解释经济现象和经济行为，为构建更接近实际的经济理论提供坚实的微观基础。行为经济学更准确地讲是通过行为观察的方法来确定与经济决策相关的心理机制，这是从外部观察人的行为、是间接地测量人的心理机制的方法。但是，外部的行为却蕴含着更大的随机性，它为发现人的心智规律与心智差异提供了更现实和更丰富的信息。

演化经济学研究的是经济活动的"进化"的过程和结果，它不仅研究"信息接收器"，还研究"信息接收器"是怎么来的；它不仅研究"信息加工的程序"，还研究"信息加工的程序"是怎么变化的；它不仅研究"信息加工程序与执行结果的关系"，还研究为什么会选择这个"信息加工程序"而不选择那个"信息加工程序"。一句话，演化经济学借助生物学的方法研究了所有人类经济活动的"生物现象"，演化经济学既能研究经济活动的社会性的外在关系和规律，也能研究经济活动的生物性的内在关系和规律。

正像我们的身体在解剖和生理结构上经由了数百万年严酷的自然选择一样，我们的大脑在解剖和生理结构上也经历了这一过程，并且最终进化出了各种认知机制，这在本质上属于一种心理适应过程，在人类甚至是灵长类动物之间存在着某些共有的心理特征，这为认知机制存在进化提供了一个说明。因此，我们的偏好和决策制定方式在很大程度上是由过去的进化过程决定的，由此所暗示的一个重要之处是，在当前发生深刻变化的社会及自然环境下，我们过去进化出的一些认知机制可能不再适用，甚至是有害的。一个经常被使用的例子是我们对糖类与脂肪食品的普遍喜好。对于人类祖先而言，这一点确实有助于他们的生存，但当食物不再匮乏时，这种喜好将导致肥胖和疾病。演化经济学从一个更大的视野和更深的层面来审视人类的经济活动，从这个角度讲，演化经济学更能准确地"理解"人类的经济活动。

但人类经济活动的"进化"与生物的进化又不完全等同，人类经济活动"进化"的复杂性的主要原因是人类的心智或认知能力的复杂性，因此，并不能认为每个能影响行为的认知机制都是由自然选择形成的遗传基因所决定的，在很多行为主体和社会之间所出现的差异，明显是由文化上的原因所导致的。从这一点上看，人类经济活动的"进化"遵循生物进化规律又高于生物进化规律，不能机械地将生物学的方法和理论直接搬到经济学研究之中，也没必要争论认知机制到底是进化出来的还是由文化原因决定的。不过，人类的认知是以生理为基础的，生理上的可塑性和灵活性为认知规律提供了生理基础与发展空间，但是生理上的可塑性和灵活性的规律也可能正是认知规律的基础，因此，认知规律与生物的进化是密不可分的。人类经济活动高于生物进化的部分不一定完全遵循生物进化规律，但一定与生物进化规律有关，我们对人类经济活动的认知绝不能停留在"把人们难以摆脱眼前诱惑的现象归结为他们的决策时限过短，或者认为人们在愤怒时容易举措失当"，这些论点远远不能令读者满意，我们必须从生物学角度才能说清如下的问题，即为什么人们的决策时限是短暂的，以及为什么我们看上去会有诸如愤怒这样的不良情绪反应等。

综上所述，试图将所有来自经济学的解释浓缩在一个统一的框架下可能是危险的，然而用演化范式来研究经济学却最有可能为理解和联结多种经验研究成果提供显著的帮助，尽管它现在遭受着很大的争议，但它的发展是最具有诱惑力的，因为这种思想最符合人的实际，也最接近科学。我们可以将神经经济学、认知经济学、行为经济学等新兴学科与传统经济学一起纳入演化范式的分析中，使人类对自身经济活动的认识真正科学化，使人们在解决金融危机问题时更加符合实际。演化范式应该以神经经济学、认知经济学、行为经济学和传统经济学的现有研究成果为依据，用生物进化的研究成果、研究思想和研究方法来理解金融危机的形成，并建立金融危机形成的分析框架。

## 二、演化范式在分析方式上的补充

演化范式虽然与主流经济学有较大的差异，但演化范式并不与主流经济学冲突或排斥，而是相互补充。演化范式不仅能够客观反映现实人的心智规律，而且演化范式的理论框架和理论构件也能够解释金融危机的复杂性、多样性和多变化等特征，演化分析框架可以应用于金融危机的研究中，用演化范式的思想和方法来构建金融危机理论是比较合适的。用演化范式的思想和方法来构建金融危机理论的具体理由有以下几点。

### （一）演化范式契合金融危机形成理论的发展趋势

从金融危机形成的理论和文献的综述中可以发现，金融危机形成的原因是很复杂的，传统的主流经济的研究方法和研究视角不能接近实际地解释金融危机发生的原因与过程。无论是以微观为基础的理论还是以宏观为基础的理论都需要发展更贴近现实的理论，行为主体的行为、金融工具、金融制度等方面都需要从行为主体的心智规律或认知规律角度重新审视，找到金融危机形成理论更为扎实的客观基础。"理性人"及在其基础上建立的一般均衡框架下的金融危机形成理论是一个很好的参照，但是实际状况与理想参照之间的差距并不能够通过一般均衡框架下的金融危机理论来弥补，甚至这些理论实际上束手无策，就是因为这些理论只能帮助我们看见"远方"，但是看不见到达"远方"的路。我们不仅需要看见"远方"，更需要看见到达"远方"的路。如果说到达"远方"的路只能是不断试错的结果，那么演化范式正好契合这种不断试错的机制，这也正是未来金融危机形成理论发展的趋势。同时，现代科学技术的迅猛发展也为演化范式更准确地描述这种"试错"机制提供了科学的方法和手段，演化范式能够满足金融危机形成理论未来发展的要求。

### （二）演化范式能更好地解释金融危机形成的动态变化过程

传统金融危机理论的新发展虽然考虑到了金融危机的动态和非线性变化，但没有系统地考虑心智与制度和环境的关系，所以传统金融危机理论对金融危机动态变化的认识和演化经济学对金融危机动态变化的认识是存在差异的。演化经济学能够建立金融危机是变异的、连续的市场过程的观点，它不仅能反映信息，也反映着认知程度和策略的变化，反映着不同类型参与者的竞争性过程，反映着实体经济的竞争性过程。演化理论的研究对象是随着时间变化的某一变量或某一系统，演化理论解释引起这些变化的动态过程，说明为何变量或系统达到目前这个状态，以及它们是如何达到的。这些变化既具有一定的随机性和扰动现象，又有一定的规律性，因此，演化经济学能够解释金融危机的复杂性、动态性和多变性。

### （三）演化范式能更好地解释金融危机形成的时空多样性

金融危机所发生的国家和地域、参与者、金融制度及经济环境等各方面都具有重大的差异，金融危机的形成虽然有着某些共性，但也存在各自的特殊性。传统金融危机形成理论一般不重视对特定地理环境和政治文化环境的分析，其实抹杀了金融危机形成的特殊性，是不现实的。演化范式注重制度、惯例、知识、选择环境等因素的分析，能够描述出金融危机的形成在不同的时间和空间内具有不同的形态。演化分析有助于我们理解金融危机的形成在不同地域和不同阶段的各种差异性，以及不同的环境与金融危机形成的各种差异性之间的关系。

### （四）演化范式丰富了经济理论多元化的发展

新古典经济学需要拓展新的理论体系，演化范式是经济理论体系拓展的最有前途的一个。演化范式的触角不仅伸进了微观经济学和宏观经济学，同时也伸进了经济学的各个分支。演化金融学的某些研究成果能够对金融领域的很多问题作出较好的解释，它也可以为金融危机形成理论提供一些理论支持。演化分析不仅可以对金融系统的各种构成要素进行分解研究，分析金融系统各种构成要素与金融危机形成之间的演化关系，也可以分析金融危机形成的演化过程。知识理论可以用于研究金融危机形成的演化过程中行为主体的学习和决策过程，研究金融危机形成的演化过程中知识的扩散和交互作用；经济增长理论可以用来研究金融危机形成的演化背后的实体经济变动趋势；制度变迁理论可以用来研究导致金融危机的金融制度变迁的研究，理解金融制度对金融危机形成的演化过程的重要影响；达尔文选择的观念则可以应用到金融危机形成中行为主体决策模式的变化和金融系统的存活。

## 第四章

# 金融危机形成机理：
# 演化范式的理论分析

　　生物的演化机制包括遗传、变异和自然选择，金融危机形成的演化也同样遵循着遗传、变异和选择的机制。在本章我们先分别分析金融危机形成的遗传机制、变异机制和选择机制，最后从整体上分析金融危机形成的演化机制，建立金融危机形成的演化模型，描述金融危机形成的演化过程。

## 第一节　金融危机形成的遗传机制

### 一、经济和金融活动的遗传机制
#### ——决策模式的传承

　　在现代主流经济和金融理论中，所有的推论都是建立在假设的行为主体决策模式基础之上的。现代主流经济和金融理论假设的行为主体决策模式是"理性人"，即在经济和金融活动中，行为主体的决策始终围绕着利益最大化，利益最大化是行为主体的核心目标，如消费者的核心目标是满意程度的最大化，生产者的核心目标是利润的最大化。经济和金融理论把行为主体的决策模式看作是一切经济和金融活动的逻辑起点，即所有的经济和金融活动的特征都是基于所有行为主体的决策模式来构建的，行为主体的决策模式隐含或包含着行为主体从事经济和金融活动的全部信息，控制着行为主体从事经济和金融活动的性质、状态及特征，推动行为主体有次序地安排和组织各种经济与金融活动，确定行为主体在经济与金融活动中自始至终的"活性"及其在经济和金融活动中的"个性"。可以说，经济和金融活动的每一个方面都与行为主体的决策模式有关，行为主体的决策模式是决定行为主体在经济和金融系统中较为稳定地持续发挥作用的内在因素。因此，行为主体的决策模式可以看作是经济和金融活动的生物性质的"基因"，行为主体决策模式的生物性遗传使得经济与金融活动的形式和内容世代传承下去。

## 二、行为主体的现实决策模式

——双系统决策模式

### （一）双系统决策的内在机制

"理性人"是指作为经济决策的主体都是充满理智的，既不会感情用事，也不会盲从，而是精于判断和计算，其行为是理性的，"理性人"假设是对亚当·斯密"经济人"假设的延续。但是，现实人的决策模式并不是完全理性的，行为科学的发展揭示了现实人的决策模式。行为科学经过大量的研究发现，人脑并不是按照一个系统规则来进行判断和决策的，事实上，人脑是按照双系统模式来进行判断和决策的。双系统决策模式是指，我们的大脑拥有一个高效的、特定的、自动信息加工系统和一个相对低效的、普适的、受控的信息加工系统，它们共同进行判断和决策。现代主流经济学的期望效用理论认为人脑的判断和决策是单系统的信息加工，行为经济学的前景理论则建立在双系统决策模式基础上，前景理论认为人脑的判断与决策是基于信息自动加工的情感系统和信息受控加工的认知系统共同作用来进行的。双系统决策模式应用于各种不同的领域，在不同的领域有着不同称呼，在神经科学领域称作自动过程和受控过程，在医学领域称作运动系统和评估系统，在心理学领域称作反射系统和反思系统（Camerer，2003）。不同领域的学者从不同角度对双系统决策模式的运动性质和运动方向提出了不同的概念，如自上而下运动与自下而上运动、自动运动与可控运动、外显运动与内隐运动等（Camerer et al.，2005），但是这些概念对于人脑中的双系统决策模式的本质的认识是基本一致的。本书将双系统中的两个子系统分别命名为直觉系统和慎思系统，这样的概念与经济和金融领域的概念相近，方便理解和应用。

直觉系统是对信息自动加工的决策系统，它反映的是人脑对信息自动加工的过程，这个过程是一个高效的、特定的、自主控制的过程，可以看作是信息自下而上的运动过程。该系统的具体特征是下意识的、自动化的、情绪化的、联结的、反应和处理速度快的、不需要作出认知努力，如本能反应、框架效应、确定效应、锚定效应、定位效应、羊群效应、心理账户、启发式方法等。直觉系统的许多决策模式在新古典经济学看来是非理性的，但是，从演化角度讲，它们存活到现在都曾是自然选择的结果，具有认知意义上的理性。这些自动化的认知是人类经过长期的生物演化形成的，它们都体现在基因变异导致的生理上的变化（威尔逊，2003）。神经经济学证明了那些自动化的理性行为是具有神经生物学基础的，同时，神经经济学也剖析了那些看似非理性的行为从生物演化的角度是有其合理性的（Dorris & Climcher，2003；叶航，2007）。

慎思系统是信息受控加工的决策系统，它反映的是人脑对信息受控加工的过程，这个过程是一个相对低效的、普适的、受控的过程，可以看作是信息自上而下的运动过程。该系统的具体特征是有意识的、受控制的、非情绪化的、基于规则的、反应和处理速度慢的、需要作出认知努力，如规则学习、贝叶斯理性、神经网络等。慎思系统的核心功能是可控性，它不同于直觉系统的自主控制功能，因此慎思系统能够对直觉系统的决策进行监督和控制。

从认知科学的角度，直觉系统对信息进行并行加工处理，并行加工的速度较快，心理资源很少被占用，甚至是不被占用，大脑运行方式是封闭式的模块化运行，这些大脑模块都是自主控制状态，它们的反应都是自动化的，都受相似性的或刻板性的情境影响，会自动屏蔽掉不相关的信息，信息加工的过程不容易被意识到，或者顶多能意识到信息加工的结果；慎思系统对信息进行串行加工，串行加工的速度慢，心理资源被很多地占用，大脑运行方式是非模块化的开放式的运行，这种运行方式调动了注意力的集中，即使是相似性或刻板性的情境，也会基于规则对其进行细致的分析和判断，信息加工的过程和结果都能被意识到。

直觉系统和慎思系统的区别与关系可以通过汽车驾驶的例子进行比较。汽车驾驶的初学者首先面对的是各种复杂的交通规则，其次面临的是汽车的各种复杂的驾驶规则，如离合器、加速器与制动器的运用。在初学时，驾驶者需要付出大量的认知努力，需要保持清醒意识地、严格按照规则地、极其缓慢地和耐心地了解、掌握交通规则及驾驶技术，这个过程是相对低效的，但又是普遍适用的。经过长期的学习和训练，那些交通规则和驾驶技术逐渐固化到大脑的直觉系统中，形成大脑直觉系统的自动加工。此时，驾驶者在驾驶汽车时，其直觉系统不需要作出认知努力，驾驶过程是下意识的、自动化的，可以对熟悉的路况和过往车辆很快地作出反应和处理，驾驶员还可以有精力从事其他事情，如聊天、听音乐等。这个过程是高效的，但是是特定的，即当驾驶者面临新的路况或者未遇到过的交通状况时，慎思系统就会启动，对直觉系统加以控制，对新的路况和交通状况进行新的判断与决策（Sanfey & Chang，2008）。

## （二）环境对双系统决策的影响

当面临时间压力的时候，大量信息需要被筛选，这时行为主体会启动直觉系统，即凭直觉做决定。直觉系统作出的决策由于缺乏思考，犯错的可能性很大。桑斯坦和泰勒（Sunstein & Thaler，2008）曾认为对行为主体可能出现的偏见进行提醒，或者不断提醒行为主体尽量考虑周全可能会提高直觉系统决策的质量。但是事实证明，当行为主体面临时间压力的时候，通常不会接受旁观者的劝告。一部分原因是行为主体不愿在他人面前表现出考虑不周，而另一部分原因是行为主体会无意识地忽视这些劝告。实验证明，行为主体在面临时间压力的时候，其决策行为通常不会被简单的提醒和劝告所改变（Nosek & Greenwald，2007）。

与直觉系统凭直觉决策的行为相比，慎思系统经过分析思考的决策行为大大降低了犯错的可能性，但是，用时长是慎思系统决策的一个显著特点。在一个稍长的时间范围内，启动慎思系统决策的决策者会接受旁观者的意见，会考虑不同的决策可能产生的不同后果（Gigerenzer & Hoffrage，1991）。从直觉系统的决策转变为慎思系统的决策之后，行为主体的行为也会发生变化，他们会采纳外部意见、及时提供信息反馈、刻意训练思维等（Milkman，Chugh & Bazerman，2009），但是，所有这些行为转换的前提是更长的思考时间。因此，时间压力是区别直觉系统和慎思系统的一个重要参数。

通常情况下，行为主体的直觉系统与慎思系统会同时影响决策过程，当直觉系统与慎思系统合作时，其决策结果既合乎理性又遵从直觉，表现为决策的理性。反之，当直觉系统战胜慎思系统时，直觉系统会控制行为的结果，表现为决策的非理性（孙彦等，2007）。简而言之，思维活动的时间一旦拉长，行为主体的决策就会从直觉系统转变为慎思系统。笔者结合神经经济学、认知经济学和行为经济学对决策过程的描述，对双系统决策模型进行了归纳和总结，如图4.1所示。

决策神经科学能够为双系统决策模式的存在提供科学依据，事实上，决策神经科学的研究成果为双系统决策模式的存在提供了很多有力的证据（Cohen，2005）。最具代表性的证据是决策神经科学对于"最后通牒博弈"与"跨期效应"方面的研究，此方面的研究结果能够有效地证明人类大脑的决策模式是双系统决策模式。同时，双系统决策模式在神经科学方面的科学依据也能进一步印证行为科学的其他最新研究成果，可以说决策神经科学与行为科学是互相补充和互相促进的。决策神经科学的实验研究发现了人类大脑的皮层下结构的反应特征，这些反应特征能够较好地证明大脑对情感反应作出的决策应答，进一步地，大脑新皮层

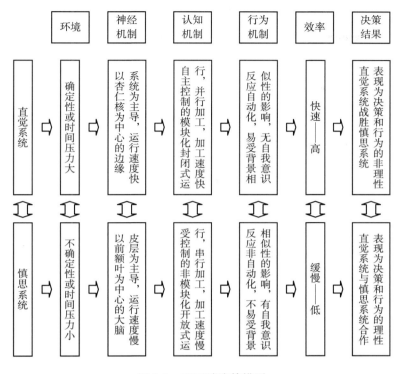

**图 4.1 双系统决策模型**

下更高级的信息加工则是对那些决策选项进行有控制的计算，这种可控性使得大脑能够进行理性分析，最终表现为决策和行为的理性。

### （三）神经科学提供的双系统决策的证据

神经科学将人类的大脑分为新皮层和皮层下结构，大脑的新皮层主要是大脑的背外侧前额叶和前额叶前部，大脑新皮层的主要功能是谨慎思考、抽象推理、复杂计划、准确表述、计算和判断等高级认知。大脑皮层下结构主要是大脑脑干的腹侧被盖区、纹状体、岛叶、杏仁核、眶额叶皮层和内侧前额叶皮层等，大脑皮层下结构的主要功能与情绪密切联系，因为情绪的产生都来自这些大脑结构，如脑干中的腹侧被盖区释放多巴胺等神经递质。从神经科学的实验研究来看，大脑慎思系统的可控性主要与大脑背外侧前额叶、前额叶前部，以及后顶叶相关；大脑直觉系统的自动性则主要与大脑皮层下结构，以及后部皮层结构有关，尤其是与边缘系统有关，如腹侧被盖区、纹状体、岛叶、杏仁核、眶额叶皮层和内侧前额叶皮层等。总体而言，大脑慎思系统的可控性主要与前额叶部位有关，大脑直觉系统的自动性主要与边缘系统有关。决策神经科学的研究成果为双系统决策模式的存在提供了很多有力的证据，最具代表性的证据是决策神经科学对于"最后通牒博弈"与"跨期效应"方面的研究。

萨菲等（Safey et al.，2003）做了最后通牒实验来验证双系统决策模式的存在。他们对应答者使用 fMRI 进行扫描，发现这些应答者面对不公平的分配方案会产生排斥性的负面情绪，这种负面情绪导致应答者更容易作出排斥性或拒绝性的决策行为。研究发现，在此种情境下，应答者大脑双侧的背外侧前额叶和前脑岛被激活。前脑岛释放的神经递质会导致疼痛、忧伤等负面情绪，前脑岛被激活能够显示直觉系统的活动；背外侧前额叶控制生物电流的运行，使信号得以充分传递和加工，从而产生更高级的认知，如目标维持、功能执行、计算和判断，背外侧前额叶被激活能够显示慎思系统的活动。研究发现，应答者大脑的岛叶的激活与其拒绝性的决策行为具有显著的正相关性，说明大脑前脑岛的激活可以作为应答者面对不公平分配方案时作出拒绝决策的一个指标，此指标能够判断出应答者是否拒绝。研究发现，应答者大脑的背外侧前额叶的激活与其接受性的决策行为具有显著的正相关性，说明大脑背外侧前额叶的激活可以作为应答者面对不公平分配方案时作出接受决策的一个指标，此指标能够判断出应答者是否接受。这也进一步说明背外侧前额叶对岛叶的活动能够进行有控制的计算，这种有控制的计算使得大脑能够作出理性的分析，最终表现为决策和行为的理性。萨菲等的"最后通牒博弈"实验揭示了直觉系统和慎思系统相互之间存在动态的联系与交互，该实验能够很好地证明双系统决策模式的存在。

麦克卢尔等（McClure et al.，2004）做了跨期效应的实验来验证双系统决策模式的存在。他们对被试者使用 fMRI 进行扫描，发现这些被试者面对比当前收益更大的未来收益时会产生排斥性的负面情绪，这种负面情绪导致应答者更容易作出排斥性或拒绝性的决策行为。研究发现，被试者大脑边缘系统部分的激活与其选择当前的收益的决策行为具有显著的正相关性，其中副边缘皮层释放的多巴胺等神经递质导致对当前收益的积极情绪而放弃未来的收益，这种关系充分显示了直觉系统的活动。这种决策过程符合双曲线的折现模型。研究发现，被试者大脑外侧前额叶与后顶叶的激活和其选择未来的更大收益的决策行为具有显著的正相关性，说明外侧前额叶能够对边缘系统进行有效控制，这种控制能够使大脑作出理性决策。麦克卢尔和莱布森等的实验揭示了直觉系统和慎思系统运行的特征及其交互关系，该实验能够很好地证明双系统决策模式的存在。

## 三、金融危机形成的生物性遗传机制
——非理性决策模式的传承

### （一）理性决策模式与非理性决策模式

正常的金融活动中，直觉系统与慎思系统会同时对决策过程起作用，并且它们之间是合作的关系。首先，直觉系统引领着决策者的行为，或者说是直觉引领着决策者行为，每一个决策者的直觉都是有差异的，这种差异形成了对信息加工和判断的个性化，这也可以看作是金融活动中创新的最原始的来源；与此同时，慎思系统监视直觉系统的加工过程和结果，并对其加工过程和结果进行认知控制，即对直觉系统进行监督、判断、选择和纠正。当直觉系统与慎思系统合作时，慎思系统会选择更适合生存的个性化的直觉系统的决策，此时，决策结果既合乎理性又遵从直觉。

例如，完全不确定的条件下的选择是很困难的，所谓完全不确定条件是指完全未预期到意外事件的出现，行为主体对眼前的新状况一无所知，行为主体既不了解自己的约束条件，也不了解自己的偏好和目标，无从找到决策规则。面对这样的情境，最优化效用不可能成为行为主体的决策规则，学者们一般认为行为主体追求的是基于一定概率下的平均效用，此时行为主体的行动与决策模型不再关联。同样，行为主体在面对策略不确定性的其他行为主体进行决策时，他对对方也是一无所知的，行为主体既不了解对方的偏好和目标，也不了解自己的偏好和目标，经典规则不再适用，他无法找到决策规则，在此时他所追求的也是基于一定概率下的平均效用。在完全不确定条件下的另一种可能选择的决策规则是"满意决策"，"满意决策"是行为主体的行动满足了他所设定的"抱负水平"，于是他会选择这个行动。如果行为主体可以很容易地找到满足他"抱负水平"的行为，那么行为主体就会动态地提高他的需求水平；如果行为主体很难找到满足他"抱负水平"的行为，那么行为主体就会选择放弃和逃避。由于慎思系统总能够意识到直觉系统的思维过程和结果，又由于意识总是遵从服从于现实的原则，因此，慎思系统的选择总是会趋同于自然规则，慎思系统具有类似于自然选择的功能。

但是，有些时候，直觉系统会战胜慎思系统，慎思系统会失去对直觉系统的认知控制，这时候，直觉系统完全控制了行为的结果，表现为决策的"非理性"。卡纳曼（2003）指出，人们作出决策时容易失去耐心而丧失理性，一部分原因是人们不能快速而精确地计算出做一件事情的成本和收益，另一部分原因则是人们经常遗漏决策的相关信息。由于人的知识的不完备、信息的不完全、未来的不确定性以及环境的复杂性，因此，理性是特定认知状态下的理性，理性是不断演化的，不是给定不变的，它是行为主体在后天不断搜寻和发现中演化而来的，它本身也是一种认知过程。受困于上述因素的影响以及直觉系统的干扰，慎思系统的决策并不是完全理性的，只能是有限理性（Simon，1978），而失去慎思系统的有意识的监督和控制，直觉系统的决策必然是非理性的。

## （二）金融危机形成的生物性"基因"——非理性决策模式

在金融危机的形成过程中，确定效应和时间压力起着重要的作用，例如，在市场上过于确定的"成功预期"以及市场竞争的时间压力下，直觉系统会逐渐战胜慎思系统，决策者们转化为非理性的决策模式，即大部分的决策者会凭直觉采取行动。在金融资产选择的过程中，大量的信息需要被筛选，由于直觉系统作出的决策缺乏足够的思考，因此犯错的可能性很大。更关键的是，在直觉系统的控制下，决策者们意识不到自己决策的过程，决策者们的思维与决策过程会逐渐固化和自动化。而这种思维与决策的固化和自动化导致决策者们不会接受旁观者的劝告，或者即使接受旁观者的劝告，决策者们的决策行为通常也不会被简单的提醒和劝告所改变。这些错误在同一个方向上不断积累，造成了实际金融资产价格的疯狂上涨和泡沫。当金融资产价格快速上涨的压力逐渐消失，在一个稍长的时间范围内，启动慎思系统决策的决策者们会接受旁观者的意见，会考虑不同的决策可能产生的不同后果。当决策者们意识到自己的错误时，在确定的"损失效应"、损失规避效应和预期到各种金融资产价格快速下降的压力下，直觉系统又会战胜慎思系统，决策者们会大量抛售手中的金融资产，决策者的非理性决策又造成了实际金融资产价格的快速和持续下降，最终导致金融系统崩溃。因此，直觉系统战胜慎思系统的非理性决策模式可以被看作是金融危机形成的基因。

需要强调的是，根据直觉系统的解释，直觉系统在决策时大脑容易受背景相似性、刻板印象的影响，行为主体无自我意识或只能意识到其加工结果而意识不到加工过程，因此，那些看似理性的思维和决策，只要这些思维和决策过程是被固化的，或者是自动化的，并且是不受慎思系统控制的，那么那些看似理性的思维和决策，其决策本质上还是非理性的。更进一步地讲，那些被固化的、自动化的，且不受慎思系统控制的"最大化者"的决策本质上也是非理性。

### （三）非理性决策模式的传承

非理性决策模式来自直觉系统，由于直觉系统本质上是生物性质的，而生物性质的演化是一个极其漫长的过程，在行为主体的有生之年根本不会发生任何实质性的改变，因此，非理性决策模式的生物性遗传决定了金融危机会世代传承下去，金融危机在人类发展过程中是不可避免的，这也为马克思（Marx，1867）、金德尔伯格（Kindelberger，1978）和莱因哈特（Reinhart，2010）等经济学家关于金融危机不可避免的观点找到了更为科学的依据。

# 四、金融危机形成的社会性遗传机制
## ——非理性决策惯例的复制和流行

## （一）经济和金融活动的社会性"基因"——决策惯例

尽管双系统决策模式本质上是生理性质的，但是，这并不意味着双系统决策模式完全不能改变。慎思系统所具有的学习能力可以使原有的决策模式发生生理机制所允许的一定程度的改变，行为主体通过慎思系统的大量有意识的努力认知或学习，不断适应环境的变化，积累各种知识和技能，形成一些新的决策模式，这些新的决策模式逐渐被纳入直觉系统中，固化为直觉系统的自动加工，形成自动化的决策模式，即不需要系统作出大量的认知努力也能够很好地作出决策。我们将这些后天习得的形成直觉性的决策模式称作"决策惯例"，决策惯例具有程序化、自动选择、不关注细节、无意识或弱意识等直觉系统的特征，如道德感、禁忌、社会规范等。这些决策惯例在新古典经济学看来也是非理性的，但是，从演化角度讲，它们存活到现在都是社会选择的结果，具有认知意义上的理性，既包括由基因变异演化而来的生理和心理因素，也包括由文化创新演化而来的社会规范和社会经验，还包括由基因变异和文化创新协同演化而来的各种文明。关于决策惯例形成的解释有许多种，如强化学习模型、模仿模型、变异模仿模型、参数化的自动学习模型等。

关于惯例，纳尔逊和温特指出惯例是"一切规则的和可以预测的企业行为方式"①、"与生存有关系的是在反复发生的环境里采取的行动"②。决策惯例记录了行为主体后天习得的所有与生存相关的知识和技能，它是历史的载体，因此具有"物质性"和"信息性"的属性。决策惯例会

---

① 理查德·纳尔逊，悉尼·温特．经济变迁的演化理论（中译本）［M］．北京：商务印书馆，1997：19.
② 理查德·纳尔逊，悉尼·温特．经济变迁的演化理论（中译本）［M］．北京：商务印书馆，1997：50.

影响行为主体决策行为的变化，从而改变行为主体金融活动的性质、状态和特征，改变行为主体安排和组织各种金融活动的次序，改变行为主体在金融活动中的"活性"及其在金融活动中的"个性"。可以说，直觉系统和慎思系统中储存的信息的变化对金融活动的每一方面都有着重大的影响，它决定着行为主体在金融系统中发挥作用的稳定性和持续性。

决策惯例集成了行为主体后天习得的所有知识和技能并且融入原有的决策模式中，因此，决策惯例一旦形成就具有了双系统决策模式所固有的两个特点：一个是复制自己的特点，即通过行为主体之间的互相模仿来传播和传承；另一个是搜寻新的决策惯例的特点，即基于较低层次的规则寻找和发现到了较高层次的规则，这种寻找过程与其原有的规则有很大关系，原有的决策模式或决策惯例提供的不同的可能决定了不同的新的决策惯例的可能路径。因此，决策惯例可以看作经济和金融活动的社会性质的"基因"，搜寻相当于演化中的"变异"的概念。

需要强调的一点是，尽管人类特有的学习能力可以一定程度地改变大脑的决策模式，但是大脑决策模式的本质并不会改变，因此，非理性决策模式的本质也不会改变。大脑决策模式本质的改变始终是生物演化性质的，而绝不是经济和社会演化性质的，经济和社会的演化只局限于后天习得的决策惯例，对于行为主体来讲，它只是心理和智力层面的改变。可以看出，社会经济演化机制与生物演化机制有所不同，社会经济的遗传机制是拉马克获得性遗传。

## （二）金融危机形成的社会性"基因"——非理性决策惯例

决策惯例一旦失去慎思系统监督和控制，它就具有了非理性决策模式的属性。失去慎思系统的监督和控制，决策惯例就会转化为非理性决策模式，其决策结果同样是非理性的。当金融市场上绝大部分人的决策惯例都失去慎思系统的监督和控制，金融市场就会被非理性决策惯例所控制，金融活动最终演化为金融危机，其形成机制与上述的慎思系统战胜直觉系统的机制是一样的。非理性决策惯例可以看作是金融危机形成的社会性质的"基因"，金融危机不同类型的演化则来自非理性决策惯例的"变异"。非理性决策惯例的流行是"自然选择"的结果，即某种适应性高的非理性决策惯例将得到更多的复制或模仿，从而提高其在群体中的分布频数，分布频数高的非理性决策惯例被我们称作为流行非理性决策惯例，非理性决策惯例的大范围的流行使金融活动最终演化为金融危机。

非理性决策惯例是历史的载体，它始终存在并在一定的条件下会被环境诱发，然后在金融系统中被复制和流行，它的存在具有相对稳定性，它不断地被复制和流行成为金融危机演化的遗传机制。当然，这些复制并不是高度精确的，其复制是不完全的。在金融危机的演化过程中，非理性决策惯例被不断地不完全地复制，使得非理性决策惯例在行为主体的生命期和代际具有相对的稳定性。行为主体生命期的稳定性是指行为主体进入金融市场后非理性决策惯例就会被诱发并始终影响行为主体决策和行为，之后其又会不断地复制着非理性决策惯例并传播着非理性决策惯例，直到行为主体完全退出金融市场。行为主体的代际指的是后来进入金融市场的行为主体受到市场中已有的非理性决策惯例的影响，并复制和传播着市场中已有的非理性决策惯例。

### （三）非理性决策惯例的复制和流行

诱致金融危机的非理性决策惯例直接表现在金融市场上，非理性决策惯例的模仿和流行与决策惯例的模仿和流行相同，因此，我们下面只需解释决策惯例的模仿和流行。

金融市场上的决策惯例的主要内容是金融资产的选择，即选择何种金融资产进行交易。我们结合强化学习模型、参数化的自动学习模型、模仿模型和变异模仿模型等特点，总结出金融市场上行为主体最普遍的决策惯例，即在一定时间、空间中，当出现某种流行或时尚的选择金融资产的决策惯例时，行为主体总会按照流行决策惯例选择金融资产。按照流行决策惯例选择金融资产是行为主体最普遍的决策惯例，这种决策惯例会使流行的决策惯例大范围流行。行为主体之所以按照流行决策惯例来选择金融资产，一是源于决策惯例本身的可复制性和搜寻性的特点，二是源于双系统决策模式有限理性的特点。

第一，由于慎思系统的认知局限性，慎思系统难以识别新信息和新事物的出现，并不会有意识对直觉系统中的"从众效应"或"羊群效应"进行监督和控制。当市场上出现某种流行决策惯例时，直觉系统的自动反应会促使行为主体不自觉地加以追随，而慎思系统处理信息的缓慢特征导致行为主体在一段时间内会按照流行的决策惯例进行决策。

第二，新的流行决策惯例的出现，本身就是决策惯例的可复制性和搜寻性的特点造成的，行为主体总是在不断地搜寻着新的有竞争优势的决策惯例，一旦市场中产生新的决策惯例，行为主体的直觉系统的冒险精神就会尝试它，流行的决策惯例正是直觉系统中冒险精神的产物，它也是行为主体群体选择的结果，行为群体就是流行的决策惯例的制造者、接受者和复制者。有些行为主体不会追随流行的决策惯例，他们始终会坚持着自己的决策惯例或者对市场上流行的决策惯例加以判断和创新，但是，大多数的行为主体会搜寻到他的决策惯例，并对其进行复制和传播，他所坚持的决策惯例很可能就成为市场上的流行决策惯例。如果他的决策惯例在市场的竞争中获得了成功，那么此种决策惯例更容易被搜寻和被复制，更容易成为流行的决策惯例，从演化的角度讲，这是一种"自然选择"的结果。

第三，在某些条件下，金融系统或者金融市场的发展是显著不确定的，在这样的条件下的选择是很困难的，行为主体对眼前的新状况所知甚少，行为主体既不了解自己的约束条件，也不了解自己的偏好和目标，无从找到决策规则。此时，流行的决策惯例就意味着这一时期大多数人的意见，金融资产整体的价格只能跟随着流行的决策惯例并由流行的决策惯例来决定，此时市场规则就是少数服从多数，追随流行决策惯例的行为主体就能够获得收益，不赞同流行决策惯例并与流行的决策惯例反向操作的行为主体就会面临着亏损，最后被市场所淘汰。这种条件下的市场规则导致行为主体不得不追随流行决策惯例。

第四，不确定的金融系统或者金融市场使得行为主体的选择非常困难，流行的决策惯例的出现为行为主体提供了简单的决策规则和选择模式，易于行为主体进行选择和决策。这也是慎思系统遵循"满意原则"的一种决策结果。

诱致金融危机的非理性决策惯例间接地表现在政府层面上，政府的非理性决策惯例诱致了金融市场的非理性决策惯例，金融市场的非理性决策惯例又诱致了金融危机的爆发。政府的非理性决策惯例来自政府对金融市场繁荣和经济成功的沉迷，每当出现金融市场的繁荣和经济的成功时，这种未来充满诱惑的情境都会诱发政府的非理性决策惯例的复制和流行，其复制和流行的过程与金融市场上的非理性决策惯例的复制和流行类似，政府会受市场上流行的决策惯例影响，按照市场上流行的决策惯例进行决策，最终在对充满诱惑的未来场景和对经济成功的沉迷下走向非理性决策惯例。

行为主体复制流行决策惯例进行选择和决策具有相对的长期性与稳定性，流行的决策惯例反映了金融系统不确定性的特征，是金融系统的不确定性促成了流行决策惯例的产生，流行决策惯例也反映了人类永恒的认知局限性。如果金融系统的信息是完全的和确定的，那么金融资产价值是确定的，金融市场的发展变化是可精确预测的。如果行为主体的认知是完全理性的，其行为是可控的，那么行为主体就不会按照流行的决策惯例去选择和决策，而会按照那些确定性的信息去选择和决策，不同的行为主体会选择符合自己偏好和目标的不同行为。主流金融学的有效市场理论就会成为现实，金融市场就会实现主流金融学的强势有效市场，"噪声交易者"就会被彻底消灭，金融市场的主观意志性就会消失。但现实的世界是不确定的，时刻都是在变化的，这样的条件会促使直觉系统大大发挥作用，以信念为核心的主观意志会发挥着影响市场的巨大作用。

## 第二节　金融危机形成的变异机制

### 一、金融危机形成的变异机制
#### ——非理性决策惯例的转型

人类的生物性演化是一个极其漫长的过程，在行为主体有生之年不会发生任何实质性改变，因此，金融危机形成的变异机制实质上是社会意义上的非理性决策惯例的转型。

人类的生物性变异归根结底是遗传物质的改变导致的遗传信息的增加、缺失或替换，经济和金融活动的变异归根结底是双系统决策模式中储存的信息的增加、缺失或替换。直觉系统和慎思系统储存的信息都可能发生变化，双系统决策模式中储存的信息的增加、缺失或替换使双系统决策模式发生"变异"，形成了新的决策模式，这些新的决策模式就是决策惯例。决策惯例与原有的决策模式一样会影响行为主体决策行为的变化，从而改变行为主体金融活动的性质、状态和特征，改变行为主体安排和组织各种金融活动的次序，改变行为主体在金融活动中的"活性"及其在金融活动中的"个性"。可以说，直觉系统和慎思系统中储存的信息的变化对金融活动的每一方面都有着重大的影响，它们决定着行为主体在金融系统中发挥作用的稳定性和持续性。决策惯例的搜寻特点使双系统决策模式在原有的决策模式上不断形成新的决策惯例，决策惯例的搜寻可以看作是决策惯例的"变异"，我们将这种搜寻称作"转型"。以现有决策惯例作为目标而开始的解决问题的努力，可能导致不断的决策惯例的转型，决策惯例的转型本质上来源于双系统决策模式中储存的信息的增加、缺失或替换。

根据流行决策惯例进行决策是行为主体的一种决策惯例，而曾经流行的决策惯例也会不断地转型形成新的决策惯例。历史上有过很多的流行决策惯例的转型，比较有代表性的有微观层面上的价值投资决策惯例、成长性投资决策惯例、稀缺资源决策惯例、房地产投资决策惯例、科技创新决策惯例、新经济决策惯例等；比较有代表性的宏观层面上的有金融资产整体价格样本决策惯例、汇率变动决策惯例、政策扶持决策惯例、消费升级决策惯例等。总之，行为主体在不同的时期、在不同的金融系统和环境的刺激下，其注意力会出现不同的聚焦，这种聚焦会形成不同的决策惯例，在决策惯例与决策惯例的竞争中，某类决策惯例流行起来，成为市场主导的流行决策惯例。当慎思系统失去对这些新的流行决策惯例的监督和控制时，这些主导的流行决策惯例同样会转化为流行的非理性决策模式，其决策结果同样表现为非理性，此时，由这些流行的非理性决策惯例引领的金融活动又会演化为新型的金融危机。这种大范围的群体流行性决策惯例持续的时间并不太持久，随着决策惯例的不断转型，又会产生新的流行决策惯例，进而转化为流行的非理性决策惯例，然后周而复始地诱发着金融危机的形成。

## 二、非理性决策惯例的转型机制

非理性决策惯例的转型机制与决策惯例的转型机制相同，因此，我们下面只需解释决策惯例的转型机制，即新的流行决策惯例产生的原因和方式，也即流行决策惯例是如何转型的。从微观层面上，流行决策惯例的转型意味着行为主体通过搜寻有了新的发现，形成了新的想法或方法。从宏观层面上，流行决策惯例的转型意味着在金融市场的激烈竞争环境中出现了新的决策惯例，使得金融市场上决策惯例的多样性增加。之所以会产生新的流行决策惯例有以下两点原因。

### （一）行为主体认知的变化

行为主体的决策和行为是由双系统决策模式决定的，即由直觉系统和慎思系统共同决定的。从社会性的认知角度讲，尽管在流行决策惯例的影响下，行为主体的决策惯例趋同，但是正常情况下，行为主体的决策惯例是由慎思系统监督和控制的，慎思系统会规范决策惯例，在金融系统和金融市场的激烈竞争中，慎思系统对其感知到的不利于生存和发展的决策惯例会加以规范，并进行定向。由于行为主体认知能力存在差别，慎思系统的感知能力会不同，定向水平会不同，因此行为主体搜寻新信息和学习新知识的结果也不同，这种认知的不同和变化导致行为主体形成新的、不同的决策惯例。在慎思系统的感知和定向作用下，行为主体会不断搜寻新的信息和学习新的知识，形成了新的决策惯例，如果这些新的决策惯例在市场竞争中获得优势，那么它就会获得超额的利润，这也是行为主体不断搜寻新的信息和学习新的知识的动力。

## （二）金融系统的变化

构成金融系统的各个要素时刻都会发生变化，即经济环境、金融制度、金融结构、金融工具等都会发生变化。金融市场中的金融资产价格也是金融系统的组成部分，金融资产价格更是瞬息万变。行为主体的认知来自金融系统，反过来，它又影响着金融系统。当金融系统中的某些构成要素发生变化时，行为主体的慎思系统就会对原有的决策惯例重新定向，产生新的决策惯例。从历史上流行决策惯例的转型规律来看，流行决策惯例的转型经常与金融系统中有影响力的构成要素的变化相关，这些有影响力的构成要素的变化往往涉及政治、文化或生活中有影响力的政策和观念。由于金融系统的变化是复杂的和多样的，因此不同行为主体的慎思系统的感知和定向也会出现差异，形成了多样性的决策惯例，最终哪类决策惯例能够发展为流行决策惯例是不确定的。

决策惯例的转型具有主观意志性和路径依赖性。从行为主体角度，决策惯例的转型是有主观意志性的。行为主体的慎思系统会对决策惯例进行规范和定向，这种规范和定向具有主观意志的选择性，它会在客观信息和主观想象的集合中进行主观上的判断，作出符合其意志的选择。路径依赖意味着决策惯例的转型并不是凭空出现的，而是依赖于行为主体已有的认知。从生物学角度，生物的进化是极其缓慢的过程，大部分的基因变异都是微小变化的累积过程，是渐变过程，决策惯例转型本质上是行为主体认知的变化，而认知是基于生理基础的，因此认知变化也遵循着渐变规律。决策惯例的转型依赖于行为主体已有的认知，也依赖于金融系统的演进，它是一个渐变的过程。行为主体的认知是在金融系统的演进中渐变累积的结果，因此，决策惯例的转型受到历史发展脉络的影响。尽管最终哪类决策惯例能够发展为流行决策惯例是不确定的，但是我们可以依据历史的决策惯例，排除某些决策惯例出现的可能性，大致推测未来流行决策惯例的特征。

## 第三节　金融危机的择优进化机制

### 一、金融危机的择优进化机制
——决策惯例的择优进化

金融市场同生物界一样，也是遵循着"物竞天择、适者生存"的自然选择机制。金融危机的择优进化机制实质上是社会意义上的决策惯例的择优进化机制。

金融市场中的机构交易者相当于生物界中的生物种群。金融市场上普遍存在的是交易组织，称作机构交易者。机构交易者包括机构投资者、法人投资者和公共部门投资者。前两者都是法人，公共部门投资者往往是政府部门，不是法人。机构投资者是交易组织的主体部分，机构投资者包含的各类机构的名称在各国有不同的叫法。一般来说，在西方国家，广义机构投资者不仅包括各种中介机构、投资基金、投资公司、养老基金、社会保险基金、保险公司，还包括各种私人捐款的基金会、社会慈善机构以及宗教组织等。而狭义的机构投资者主要指各种中介机构、投资基金、养老基金、社会保险基金和保险公司。各种投资基金是机构投资者的主体部分。投资基金是把社会上的零散资金集中到一起，由专业人士把这些资金投资到货币市场或资本市场上。机构交易者的市场势力使其在金融市场中的地位越来越重要，机构交易者的决策惯例对个体交易者形成强大的影响，个体交易者必须适应机构交易者的行为才有可能在市场中生存下来。机构交易者的规模不会无限制地扩大下去，因为金融市场同生物界一样都存在着生存的竞争，这种生存的竞争本质上是各种决策惯例的生存竞争。就是因为各种决策惯例的生存竞争，才使各种决策惯例及其引领的各种金融活动在一定的时期内都保持相对稳定的状态。

金融市场中的生存竞争包括机构内部的行为主体之间的竞争、机构交易者与机构交易者之间的竞争、机构交易者与金融系统之间的竞争，最终少量机构交易者生存下来，能够生存下来的机构交易者归因于其适应性增强了的决策惯例。

在决策惯例与金融系统的相互作用下，决策惯例会不断转型，那些有利的转型容易在生存竞争中获胜而生存下去；反之，那些不利的转型则容易在生存竞争中失败而消失。适者生存就是能够适应金融系统的新的决策惯例而存活。在金融市场中，自然选择是机构交易者与金融系统相互作用淘汰不适应的决策惯例，保留适应的决策惯例过程。金融系统包括金融制度和金融环境。金融制度是金融活动的一系列规则，这些规则界定了行为主体选择的边界和他们之间的相互关系，这种边界和关系制约着行为主体的行为。金融制度本质上是群体行为主体基于他们共同的决策惯例人为制定的一系列参与市场竞争的行为规则。金融环境又分为生态环境、国际环境、经济环境、政治环境和文化环境。行为主体的决策惯例产生于金融系统，不同的时间和不同的金融系统对行为主体的影响都不同。行为主体在特定的金融系统中进行决策，不同的金融系统衍生出不同的决策惯例。由于金融系统是多种多样的，因此，决策惯例适应金融系统的方式也是多种多样的，经过自然选择也就形成了决策惯例的多样性。它们之间的相互作用创造出更加丰富的决策惯例，进而使各种金融活动更加丰富和多样，使金融系统更加稳定和持久。

从群体遗传学的角度，金融系统的最适者不是一个决策惯例，而是一个对金融系统的适应性增强了的"决策惯例库"，即能够存活下来的新的决策惯例一定是原有的决策惯例的有差异的延续，这些有差异的决策惯例为金融系统提供了丰富的"基因库"。任何一种存活下来的决策惯例的使命都是为了丰富金融系统的"基因库"，即增强原有的决策惯例在复杂的而且时常变化的金融系统下的适应性，进而增强各种金融活动在复杂的而且时常变化的金融系统下的适应性。

不同的决策惯例会在金融市场中进行竞争，获得超额利润的决策惯例最终胜出，成为行为主体复制的对象，最终演化为流行决策惯例。

新的决策惯例的流行就是一种自然选择的标志，而按照流行决策惯例去决策和行动使流行的决策惯例更大范围地流行。这种决策惯例能够大范围流行一定是增强了原有的决策惯例在复杂的而且时常变化的金融系统下的适应性，进而增强各种金融活动在复杂的而且时常变化的金融系统下的适应性。但是决策惯例一旦失去慎思系统监督和控制，就会转化为非理性决策模式。此时，决策惯例的流行就会转化为非理性决策惯例的流行。非理性决策惯例的流行也是自然选择的结果，是金融系统中绝大部分人的决策惯例都失去慎思系统的监督和控制的一种状态，这种非理性决策状态形成了一种特殊的金融系统，而这种金融系统最终选择了非理性的决策惯例，金融活动最终演化为金融危机，其形成机制与上述的慎思系统战胜直觉系统的机制是一样的。而随着人们对金融危机的认识，逐渐又产生了对金融危机救助、纠错、防范的决策惯例，当这些决策惯例成功之后，势必会成为大众模仿的对象，从而演变为流行决策惯例。

## 二、决策惯例的择优进化机制

### （一）决策惯例转型的有利性

哪一种决策惯例最终成为流行决策惯例是不确定的，从表面上看取决于决策惯例获得超额利润的特征，但实际上决策惯例获得超额利润的特征也来自行为群体的选择，决策惯例本身的获利性并不是必然的，它最终取决于行为群体的选择，因此，流行决策惯例是行为群体选择的结果。择优进化机制解决的是新的决策惯例的流行和稳定性问题。金融系统中决策惯例多样性的逐步减少意味着通过行为群体的选择，某类新的决策惯例生存下来，而其他的决策惯例被淘汰，金融系统又形成了新的稳定结构。之所以会有这样的选择结果，有以下两方面原因。

#### 1. 行为主体有利性的选择

从微观层面上看，行为主体的慎思系统会对决策惯例的搜寻进行规范和定向，通过有意识地搜寻发现了金融系统偶然变化的新的信息，通过与原有的知识和信息的重组，形成了有利于自身利益的新的决策惯例。慎思系统对新的决策惯例进行判断，符合慎思系统规范的决策惯例被采用，不符合慎思系统规范的决策惯例被淘汰。行为主体的慎思系统会使行为主体按照其规范和定向有意识地选择有利于自身利益的决策惯例。这种有意识地选择包含以下两种形式。

（1）内隐性选择。之所以选择某类决策惯例是因为这类决策惯例更具有现实客观性，它更能客观反映金融系统中各种构成要素的变化，如国际环境和政治环境的变化、实体经济和虚拟经济的变化、金融制度和金融政策的变化、金融工具和市场流动性的变化等；再比如随着一国经济水平发展到某种程度，消费会随之升级，房地产会得到强大的刺激，其生产和需求都会得到大幅提升，房地产经济决策惯例就会得到市场的认可，并最终形成流行的决策惯例，这种流行决策惯例的选择主要源于内隐选择。

（2）外显性选择。另一种选择是因为这类决策惯例被部分行为主体选择，选择遵从少数服从多数的原则。由于行为主体的信息是不完全的，因此他就面临着不确定带来的风险，这样他会对社会群体产生依赖，他会把其他行为主体的选择作为自身选择和决策的基础，从中寻找一种安全感。一种集体共同承担风险的决策规则比自己冒险的决策规则来得更实际，集体共同的决策既分担了风险也促成了金融市场的繁荣。这是一种基于不确定条件下的选择规则，有其理性的成分。例如，当房地产经济受到市场热烈追捧时，其资产价格经常难以想象地超过它的平均价值，甚至无法用市盈率来衡量，这种流行决策惯例的选择主要源于外显选择。

事实上，上述两种选择模式都源自行为主体慎思系统的规范模式，对于不同的情境，慎思系统会启动不同的规范模式，它们随着情境的改变交互替代，发挥着不同的作用，但是都遵循着行为主体的有利性原则。

**2. 金融系统有利性的选择**

在宏观层面上，某种转型的传播与扩散是自然演化的结果，行为主体的有利于自身利益的新的决策惯例适应变化了的金融系统。金融系统的这种选择是无意识的，也是无目的的，因此也是不确定的。从宏观层面上看，决策惯例的转型能否被构成金融系统的行为群体选择取决于行为群体的认知结构。认知结构是一种深层结构，是在行为群体的认知不断积累和持续扩散的过程中逐渐演化而成的。行为群体的认知结构是由行为群体慎思系统的规范和定向水平来决定的，行为群体慎思系统的规范及定向水平在特定的时间和金融系统具有某种共性，并且这种共性在这一特定的时间和领域具有较强的影响力，这种较强的影响力决定了宏观层面的行为群体的选择结果。适合或者符合这种共性要求的决策惯例被选择，成为流行的决策惯例，不适合或不符合这种共性要求的决策惯例则被淘汰。不同时间和不同金融系统的行为群体慎思系统的规范与定向水平会有不同的共性，这决定了不同的流行决策惯例。因此，金融系统的变化及行为群体对金融系统变化的理解和认知决定了决策惯例的选择结果。再次需要强调的是金融系统的变化是不确定的，因此行为群体对金融系统变化的理解和认知也是不确定的，这决定了决策惯例的选择结果也是不确定的。

行为主体选择和金融系统选择在流行决策惯例的产生、复制与流行中共同发挥作用。行为主体选择和金融系统选择的结合取决于决策惯例流行的频率水平。从宏观层面来看，行为群体慎思系统的规范和定向水平的共性导致行为主体的选择行为具有共时性或共频性，行为主体选择和决策的相对频率决定了行为群体最终选择的结果，行为主体之间的相互学习与竞争过程决定了行为主体选择和决策的相对频率。行为主体的相互学习又依赖于行为群体中作出同样选择的人数，这一点尤为关键。因为不论行为主体慎思系统对决策惯例如何判断，以及如何规范和定向，金融系统的竞争过程都会对决策惯例的多样性进行最终选择。一旦金融系统作出选择，表现为决策惯例的逐步扩散，慎思系统的规范和定向都将随之发生改变，更确切地讲，慎思系统是在金融系统给出或界定的范围内进行判断、选择和决策，选择和决定对行为主体有利的决策惯例。

## （二）流行决策惯例转型的概率性

行为主体选择和金融系统选择的结合机制中不仅包含着渐变，也包含着突变。一般来讲，认知的累积是一种集体性的交互学习的过程，是一种渐变过程，行为主体会在其已有的认知基础上逐渐累积，使其新的认知逐渐地适应自身，以使自身和环境协调发展。同时，这也避免大的认知变化所带来的大的风险，使自身的发展更加安全。因此，流行决策惯例转型也是渐变的，其演化过程具有一定的延续性。但是，在选择的过程中偶尔也会发生突变，这种突变主要源自外部能量更大的事物的冲击，或者是行为主体没有察觉到的从量变累积到质变的突变，当金融系统构成要素出现某种重大的突变时，行为主体也会随之发生重大的认知和行为的变化，从而改变流行的决策惯例。

## 第四节 金融危机形成的演化模型及演化过程

金融系统中某些因素的偶然变化酝酿出了新的流行的决策惯例，行为主体按照新的流行决策惯例进行的经济活动使金融市场更为活跃。当这些新的决策惯例广为流行时，金融市场逐渐地走向了繁荣时期。随着金融市场的繁荣，行为主体会增加借贷和对金融资产的购买，金融资产需求的增加导致金融资产价格上升，这种价格的持续和大幅上升形成了一种确定性的赚钱效应，并在人们的大脑中逐渐形成了一种确定性的上升预期和购买金融资产的时间压力。在这种确定性的上升预期和购买金融资产的时间压力下，行为主体的直觉系统逐渐战胜慎思系统，市场上的理性决策惯例逐渐转化为贪婪和狂热的非理性决策惯例，进而导致行为主体凭直觉疯狂地借贷和购买金融资产，这些非理性错误行为在同一个方向上不断积累造成了金融资产价格的疯狂上涨，形成了金融泡沫；金融市场的过度繁荣或者是某些内部和外部因素的冲击使贪婪或狂热的非理性决策惯例逐渐崩溃，金融资产价格上涨的动力逐渐消失，行为主体的直觉系统逐渐与慎思系统合作，部分行为主体逐渐回归理性，这些理性的行为主体开始卖出金融资产，金融资产需求的减少导致市场价格的下跌，这种价格的持续和大幅下跌形成了一种确定性的损失效应，并在人们的大脑中逐渐形成了一种确定性的下跌预期和卖出金融资产的时间压力。在这种确定性的下跌预期和卖出金融资产的时间压力下，行为主体的直觉系统又会战胜慎思系统，市场逐渐形成了恐慌和绝望的非理性决策惯例，进而导致行为主体凭直觉疯狂抛售金融资产，金融泡沫崩溃。随着疯狂抛售金融资产的非理性决策惯例在金融系统各个层面的扩散，最终诱发了金融危机。

# 一、金融危机形成的演化模型

## （一）金融资产整体价格的影响因素

金融危机的形成在金融市场上表现为市场的繁荣与萧条的交替，金融市场的繁荣与萧条的交替又表现为宏观层面金融资产整体价格的大幅起落。金融资产整体价格的大幅起落是金融危机形成的重要特征之一。莱茵哈特和罗格夫（Reinhart & Rogoff, 2008a）对第二次世界大战以来历史上发生的 19 次重要的金融危机（包括 2008 年美国金融危机）进行统计分析，他们对 19 次金融危机的实际房地产价格和实际股票价格进行比较分析发现，金融危机爆发前 4 年的实际房地产价格和实际股票价格都是快速大幅上升的，而在金融危机爆发的前一年其价格都是快速大幅下降的。我们可以看作影响金融危机的各种因素最终都反映在了金融资产的整体价格上。因此，我们将金融市场上金融资产整体价格作为我们观察的指标，通过分析金融资产整体价格大起大落的演化过程来解释金融危机形成的过程。

影响金融资产整体价格的主要因素也是构成金融系统的主要因素，它包括不确定和多样性的金融环境、相对明确的金融制度和交易成本以及相对有限的资金流、行为目标金融资产、核心要素行为主体。因此，影响金融资产整体价格的主要因素就是行为主体、金融资产、资金流、交易成本、金融制度和金融环境等六个因素。

将金融资产整体价格记为 P，行为主体记为 U，金融资产记为 V，资金流记为 W，交易成本记为 X，金融制度记为 Y，金融环境记为 Z，则金融资产整体价格函数表达式为：

$$P = F(U, V, W, X, Y, Z) \qquad (4-1)$$

式（4-1）表明，金融资产整体价格与上述六个金融系统因素之间存在相关性。这是一个静态的表达式，各项影响因素之间相互影响，因此，此函数表达式不是一个线性关系。

### （二）主体行为的影响因素

金融危机的形成最终是由金融市场的行为主体的交易行为来决定的，金融市场上各种影响金融危机形成的因素最终都集中到行为主体的交易行为上，行为主体的行为涵盖了金融系统和金融市场的所有信息，是行为主体对金融系统和金融市场中的信息的综合认知与集中反映，因此，影响金融危机形成的最直接的决定因素就是行为主体的交易行为。行为主体的交易行为是所有投资者共同参与的行为，是包含着多样性的异质的行为主体的交易行为。行为主体交易行为的变动过程就是金融危机的形成过程。同时，由于金融资产整体价格的大幅起落代表着金融危机的形成，因此，金融资产整体价格的最直接决定因素也是行为主体的交易行为，行为主体交易行为的变动过程也是金融资产整体价格的变动过程。

因此，金融资产、资金流、交易成本、金融制度、金融环境这些构成金融系统的影响因素的变动最终都将反映在行为主体的交易行为中，通过形成群体的交易行为直接决定了金融资产整体价格。我们将行为主体的行为记为 B，金融资产整体价格变动记为 P′，金融资产整体价格变化函数可写为：

$$P' = F(B) \qquad (4-2)$$

式（4-2）表明，行为主体的行为变动会引起金融资产整体价格的变动。设 P′ > 0，表示金融资产整体价格上升；设 P′ < 0，表示金融资产

整体价格下降；设 $P' = 0$ 表示金融资产整体价格不发生变动。设 $B > 0$，表示行为主体买入金融资产的行为；设 $B = 0$，表示行为主体处于观望状态；设 $B < 0$，表示行为主体卖出金融资产的行为。根据我们上述的推理和假设，当 $B > 0$ 时，$P' > 0$；当 $B = 0$ 时，$P' = 0$；当 $B < 0$ 时，$P' < 0$。

根据第一节的内容我们知道，行为主体的行为的决定因素是决策惯例，我们将决策惯例记为 $C$，可得：

$$B = F(C) \tag{4-3}$$

由式（4-2）和式（4-3）可得：

$$P' = F[B(C)] \tag{4-4}$$

式（4-4）表明，行为主体按照决策惯例来选择金融资产的交易行为引起金融资产整体价格的变动。

### （三）流行决策惯例与流行的非理性决策惯例

同样，根据第一节的内容我们知道，按照流行决策惯例选择金融资产是行为主体的一种决策惯例，我们将流行决策惯例记为 $C_p$，可得：

$$B(C) = F(C_p) \tag{4-5}$$

式（4-5）表明，流行决策惯例的变动使得行为主体的行为发生变化。设 $C_p > 0$ 表示存在某种流行决策惯例，此时，$B(C) > 0$，即行为主体按照流行决策惯例选择金融资产并积极参与交易；$C_p = 0$ 表示不存在流行决策惯例，此时，$B(C) = 0$，即行为主体往往无所适从，处于观望状态。

当流行决策惯例的流行范围扩大到一定程度，其引领的群体交易逐渐形成一种特殊的金融系统，这种特殊的金融系统具有确定效应和时间压力的特征，如某种确定的成功预期和市场竞争的时间压力。在这种确定效应和时间压力下，行为主体的直觉系统会逐渐战胜慎思系统，流行决策惯例转化为流行非理性决策惯例。将非理性决策惯例记为 $C_n$，流行的非理性决策惯例记为 $C_{np}$，可得：

$$B(C) = F(C_{np}) \tag{4-6}$$

式（4-6）表明，流行的非理性决策惯例的变动使得行为主体的行为发生变化。决策惯例与非理性决策惯例是互相转化的关系，不会同时存在。当 $C_{np} > 0$ 时，表示存在某种流行的非理性决策惯例，此时，如果金融系统是确定的成功预期，则 $B(C) > 0$，即行为主体或者按照流行的非理性决策惯例积极买入；如果金融系统是确定的损失效应，则 $B(C) < 0$，即行为主体按照流行的非理性决策惯例积极卖出；当 $C_{np} = 0$ 时，$B(C) = 0$，即行为主体往往无所适从，处于观望状态。

综上，我们将式（4-6）、式（4-5）、式（4-4）和式（4-1）综合在一起，考察金融系统因素、流行的（非理性）决策惯例和行为主体的行为的交互作用，通过描述金融资产整体价格的大幅起落来解释金融危机形成的演化过程。

$$P = F(U, V, W, X, Y, Z) \qquad (4-7)$$

$$B(C) = F(C_p) \qquad (4-8)$$

$$B(C) = F(C_{np}) \qquad (4-9)$$

$$P' = F[B(C)] \qquad (4-10)$$

如图 4.2 所示，式（4-7）～式（4-10）四个方程式反映了四个层面的演化过程，式（4-7）反映了金融系统因素，式（4-8）和式（4-9）反映了金融市场中流行（非理性）决策惯例和行为主体的交易行为的演化，式（4-10）反映了行为主体的交易行为和金融资产整体价格的演化。实际的决策惯例的演化和金融资产整体价格的演化过程是相互转换、共同演化的，行为主体的交易行为将这两个层面联系起来，同时实际的决策惯例中又隐含着金融系统基本因素的变化。这四个层面的演化过程表述为：金融系统因素的变动决定了流行的（非理性）决策惯例的产生和流行，（非理性）决策惯例的流行决定了行为主体的交易行为的变化，行为主体的交易行为的变化决定了金融资产整体价格变化，金融资产整体价格变化又影响了金融系统因素的变化。这四个演化过程反复循环，最终导致金融危机的形成。可见，金融危机形成的各个层面的影响因素之间是相互转换和共同演化的关系，其中的核心传递环节就是流行的非理性决策惯例的作用。

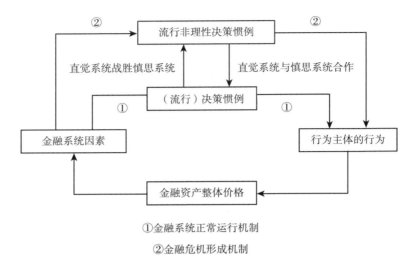

①金融系统正常运行机制

②金融危机形成机制

**图 4.2　金融危机形成的演化模型**


## 二、金融泡沫形成的演化机制及演化过程

金融泡沫形成的演化机制：$P = F(U,V,W,X,Y,Z) \rightarrow C_p > 0 \rightarrow B(C) > 0 \rightarrow P' > 0 \rightarrow P = F(U,V,W,X,Y,Z) \rightarrow C_{np} > 0 \rightarrow B(C) > 0 \rightarrow P' > 0 \rightarrow \cdots\cdots \rightarrow C_{np} > 0 \rightarrow \cdots\cdots \rightarrow P' > 0$。金融泡沫形成的演化机制反映了各个层面的影响因素之间相互转换和共同演化的关系。下面是金融泡沫形成的演化过程。


### （一）金融资产整体价格的理性上升阶段

#### 1. 系统因素出现的新变化导致新的流行决策惯例的出现：$P = F(U, V, W, X, Y, Z) \rightarrow C_p > 0$

行为主体、金融资产、资金流、交易成本、金融制度和金融环境等构成金融系统的因素总在不断地发生着变化，这些变化都会影响着行为主体的慎思系统的感知，慎思系统会重新对金融市场的变化作出判断，努力推测金融市场可能出现的反应，形成新的认知变化，并构建新的对策和决策，这种决策在实践中得到验证，进而固化到直觉系统中，形成新的决策惯例。例如，金融工具出现了创新，金融市场上出现了新的金融衍生产品，行为主体会观察这种新的金融衍生产品将有可能对金融市场产生哪些重大影响、金融市场会发生哪些重大变化。如果金融市场发生的变化给行为主体带来重大的获得收益的机会（也许仅仅是行为主体想象中的获得收益的机会），行为主体就会构建新的投资策略买入某些金融资产。当这些投资获得收益后，这种投资策略就会固化到直觉系统中，形成新的决策惯例。这种决策惯例被某些行为主体关注，他们通过观察后对其进行模仿和复制，这种新的决策惯例逐渐被市场传播。当这种新的决策惯例扩散到某种程度后，即更多的行为主体模仿和复制了此种新的决策惯例买入金融资产，越来越多的行为主体的买入行为导致金融资产价格逐步上升。金融资产价格的上升使更多的行为主体注意到此种决策惯例，并大量模仿和复制，此种决策惯例开始流行，并继续快速扩散。

**2. 新的流行决策惯例激发行为主体买入行为：$C_p > 0 \rightarrow B(C) > 0$**

流行决策惯例出现以后，行为主体找到了简便的选择对象标准，行为主体按照流行决策惯例进行投资，买入金融资产，大量的买入行为导致金融资产价格进一步被抬高。金融资产价格的提高使该流行决策惯例扩散的速度加大，该类金融资产也得到更多的关注，越来越多的市场上的投资机构和其他投资者选择和复制了此种决策惯例，行为主体对此种决策惯例下的投资赋予了较高的想象力，人们对此种决策惯例可能带来的收益充满期待。在此种期待下，越来越多的噪声交易者出现，他们开始积极买入金融资产，他们的策略是正反馈策略，正反馈策略的投资者并不关心金融资产的真实的市场价值，他们的目标是金融资产价格上升带来的套利收益，他们期待的是金融市场上短期内更高价格的出现。这种正反馈交易策略使越来越多的决策惯例的模仿和复制行为出现，导致越来越多的金融资产的买入行为。在大量的金融资产的买入行为的推动下，资产价格的上涨得到了"自我实现"，越来越多的对流行决策惯例的复制行为导致越来越多的正反馈策略交易者对金融资产的买入行为的出现，这进一步增强了投资者买入金融资产的信心。

**3. 新的流行决策惯例的扩散导致金融资产整体价格上升：B（C）＞0 →P′＞0**

行为主体共同对流行决策惯例的追逐导致市场中"羊群行为"出现，行为主体在交易中表现出了越来越明显的从众性，越来越淡化了自己的判断，慎思系统的学习和思考似乎变得不再重要了，而越来越多的行为主体遵循同样的决策惯例和作出同样的决策成为人们最关心的话题。只要有更多的人选择同样的决策惯例和作出同样的买入决策，那么市场中的行为主体就不会对该决策惯例持有怀疑态度，不会轻易地逆向决策，因为那样会带来利益损失的风险，他们会坚持原来的投资策略和保持手中的金融资产，甚至是继续加大相同的投资。这类交易群体的大量买入行为进而带动了市场整体的交易行为，越来越多的对各种金融资产的买入行为最终导致金融资产整体价格的上升。

### （二）金融泡沫形成的初始阶段

**1. 金融资产整体价格上升导致系统因素发生新变化：P′＞0→P= F（U，V，W，X，Y，Z）**

金融资产整体价格的上升反过来对构成金融系统的各种要素都会产生影响，导致这些要素发生不同的变化。金融资产整体价格的上升给行为主体带来了高额的回报，这种高额的回报提高了行为主体的信用水平，使银行和信贷机构增加了对他们的贷款。行为主体以所投资的金融资产作为抵押，融资能力大幅提高，资金投入量进一步加大，资金流动性也加强。同时，较低的交易成本以及金融资产的利好消息的层出不穷进一步增强了行为主体的投资信心。市场上的融资变得越来越容易。金融市场整体价格的上升给市场带来的良好预期吸引更多的行为主体进入金融市场，实体经济中的资金开始流向金融市场。

**2. 系统因素的过度刺激导致新的流行非理性决策惯例的出现：P= F（U，V，W，X，Y，Z）→C_{np}＞0**

新一轮系统因素的变化形成了一种特殊的金融系统，这种特殊的金融系统具有确定效应和时间压力的特征，如某种确定性的成功预期和市场竞争的时间压力。在这种确定效应和时间压力下，行为主体的直觉系统会逐渐战胜慎思系统，直觉系统会下意识地朝着直觉系统所期望的方向在其他投资领域挖掘流行决策惯例的内涵，并复制这种决策惯例。行为主体想象着把各个投资领域的决策惯例归入流行决策惯例中，决策惯例逐渐转化为非理性决策惯例，表现为大部分行为主体会凭直觉采取行动，行为主体直觉性地、自动化地在各个投资领域大量复制着流行决策惯例，非理性决策惯例产生并开始流行。

**3. 新的流行非理性决策惯例的扩散导致价格进一步上升：$C_{np} > 0 \rightarrow$ $B(C) > 0 \rightarrow P' > 0$**

行为主体按照新的非理性流行决策惯例进一步积极买入各类金融资产，市场交易变得十分活跃。按照流行的非理性决策惯例买入的金融资产价格变得非常高，仅仅从资本创造的角度已经无法解释其价格变动，金融资产整体价格也持续上升。

### （三）金融泡沫形成的膨胀阶段

金融市场各个层面的投机性交互影响：$P' > 0 \rightarrow \cdots\cdots \rightarrow C_{np} > 0 \rightarrow \cdots\cdots \rightarrow P' > 0$。

金融资产整体价格的不断上升对构成金融系统的各个因素再次产生影响：行为主体信用水平疯狂地不断提高，金融市场上的融资水平大幅上升，资金的流动性继续增强。各领域的资金源源不断地流向金融市场，实体经济的资金大量流入金融市场，甚至国际游资也大量流入金融市场。违规资金大量出现，即使是不好的消息也被市场理解为利好消息。上市公司和企业加大股权融资，金融工具不断创新，金融资产供给不断增加，生产和服务领域开始调整经营方向，顺应金融市场的投资潮流，出现了全民投资的高度热情。金融市场整体价格的疯狂上涨引起政策和监管层的担忧，他们开始试探性地干预金融市场，如提高交易成本、提高利率、出台限制性政策、提高贷款门槛、对违规资金和违规操作进行严厉打击等。

金融系统因素的变化又继续影响到行为主体认知变化，行为主体的慎思系统甚至完全不起作用，直觉系统中的信念越来越强，他们开始坚信金融资产的价格会不断地上升，认为市场有无限的发展机会，市场前景非常美好，金融资产价格的一切表现都顺理成章，实际上金融市场已经进入疯狂的状态。质疑和谨慎的行为主体越来越少，也很少有人会相信对金融市场一片大好的质疑，很少有人能听得进劝告，任何质疑和逆向操作都被市场强大的噪声吞噬掉，做空者损失惨重，最终从做空走向做多。这些情况表明流行的非理性决策惯例已经扩散到金融市场的各个方面。行为主体挖掘着任何可以想象的获利题材，金融资产已经远远脱离了其原有的价值特征，那些价格较低的、真实价值较小的资产也成为行为主体买入的对象，行为主体的投资范围进一步广泛化，违法违规交易盛行，市场价格和交易量都达到历史高点，并且不断创造着新高，金融泡沫不断膨胀。

### （四）金融泡沫持续的时间

#### 1. 金融系统因素的刺激程度

在不同的金融系统中，金融泡沫持续的时间是不同的。不同的金融系统导致金融泡沫形成的构成金融系统的要素层面、流行的（非理性）决策惯例层面、行为主体的行为层面及金融资产整体价格四个层面相互转换和共同演化的程度是不同的，四个层面中的任何一个层面的支持力度不够都会减弱金融泡沫形成过程。如果四个层面都是不断地相互强化，那么就会加强金融泡沫形成的过程。例如，2008 年美国金融危机中次级债券的创新和流行导致金融市场的交易内容出现了重大的变化，次级债券的创新衍生出了大量的金融衍生工具，在金融市场上逐渐形成了新的流行决策惯例，这种流行决策惯例的创新所带来的想象空间比较大，导致金融资产整体价格上升的幅度很大，金融泡沫持续的时间也比较长。如果仅仅是技术上的普通的创新，或者是某种概念的技术上的炒作，那么上述四个层面的演化过程所导致的金融泡沫程度就会较低，甚至有些环节不会出现。例如，1981 年美国的金融危机，只表现在金融市场内部流行决策惯例和金融资产整体价格相互转换与共同演化上，而并没有对经济的各种实际因素产生影响。

**2. 行为主体的认知程度**

行为主体的认知选择包括内隐选择和外显选择。由于内隐选择更具有现实的客观性，它更能客观反映金融系统中各种构成要素的变化，包括实体经济的变化，因此，以内隐选择为基础的非理性流行决策惯例诱致的金融泡沫的程度比较大，持续的时间比较长。由于外显选择缺乏金融系统构成要素的客观条件的支持，它对其他行为主体的选择的依赖性程度比较大，因此，以外显选择为基础的非理性流行决策惯例诱致的金融泡沫程度比较小，持续的时间比较短。

## 三、金融泡沫崩溃的演化机制及演化过程

金融泡沫崩溃的演化机制：$P = F(U, V, W, X, Y, Z) \rightarrow C_{np} = 0$，$C_p = 0 \rightarrow B(C) = 0 \rightarrow P' = 0 \rightarrow P = F(U, V, W, X, Y, Z) \rightarrow C_p > 0 \rightarrow B(C) < 0 \rightarrow P' < 0 \rightarrow P = F(U, V, W, X, Y, Z) \rightarrow C_{np} > 0 \rightarrow B(C) < 0 \rightarrow P' < 0 \rightarrow \cdots\cdots \rightarrow C_{np} > 0 \rightarrow \cdots\cdots \rightarrow P' < 0$。金融泡沫崩溃的演化机制反映了各个层面的影响因素之间相互转换和共同演化的关系。下面是金融泡沫崩溃的演化过程。

### （一）金融市场的理性回归阶段

**1. 系统因素的变化导致非理性决策惯例的崩溃：$P = F(U, V, W, X, Y, Z) \rightarrow C_{np} = 0, C_p = 0$**

当金融资产整体价格达到历史高位并不断再创新高的时候，金融市场已经进入金融泡沫阶段，并且金融泡沫持续不断地膨胀，此时，金融系统及其构成的各个要素都发生了深刻的变化。行为主体的融资水平不断创新高，其负债程度也不断创新高，其偿债能力变得越来越脆弱；金融市场上的资金量不断创新高，资金的再生能力也越来越弱，对不断高企的金融资产整体价格的支持的力度也越来越弱；政府及监管机构不断出台防范和抑制金融泡沫的各种政策，这些政策大大增加了行为主体的交易成本，同时也减少了金融市场上的流动性；实体经济的繁荣程度远

远落后于金融市场的繁荣程度，且金融市场的繁荣并没有反哺到实体经济中。这些发生在金融系统中的深刻变化都逐渐被行为主体感知到，使行为主体找不到能够引起市场共鸣的时尚话题，流行的决策惯例无法在相关的各种概念中进行复制，支撑行为主体信念的流行的非理性决策惯例开始进入崩溃阶段。

**2. 非理性决策惯例的崩溃导致金融资产整体价格上涨停止：$C_{np} = 0$，$C_p = 0 \rightarrow B(C) = 0 \rightarrow P' = 0$**

当流行的非理性决策惯例崩溃时，行为主体无所适从，处于观望状态。此时，行为主体不再买入新的金融资产，交易逐渐减少，金融资产价格上升幅度减小。同时，从金融资产整体价格本身来看，金融资产整体价格长时间在高位盘桓，对金融资产整体价格持续上涨的坚定信念开始出现动摇，此时行为主体的慎思系统再次启动，开始对金融资产整体价格能否继续上涨产生怀疑，并逐渐滋生对金融市场累积的风险的恐惧，行为主体的慎思系统的感知越来越敏锐，导致其行为开始越来越谨慎。行为主体的这种谨慎行为导致此时金融资产整体价格经常会出现剧烈震荡。

**3. 金融资产整体价格上涨压力的消失导致抛售金融资产的流行决策惯例的产生：$P' = 0 \rightarrow P = F(U, V, W, X, Y, Z) \rightarrow C_p > 0$**

金融资产价格上涨动力的消失使行为主体的直觉系统逐渐与慎思系统合作，行为主体逐渐意识到自己的错误，某些行为主体开始抛售金融资产，保护既得利润。这些行为主体的行为使系统因素发生变动。首先，行为主体的信用大打折扣，市场的信贷开始趋向紧缩，融资量开始减少；其次，市场的信心开始出现萎缩，投资开始下降，违约率开始增加，国际游资开始撤离。其他的行为主体开始关注市场上出现的这些行为，他们的慎思系统也开始启动，经过审慎思考并作出判断，开始复制这种趋向于真实价值的理性决策惯例，选择了卖出金融资产。这种理性的卖出金融资产的决策惯例在金融市场上开始传播和流行。

**4. 金融资产整体价格的下跌：$C_p > 0 \rightarrow B(C) < 0 \rightarrow P' < 0$**

卖出金融资产的决策惯例的流行导致卖出金融资产的行为主体开始

增加，金融资产的卖出数量开始增多，越来越多的卖出行为造成了实际金融资产整体价格的下降。由于卖出金融资产的流行决策惯例的复制和传播，秉承卖出金融资产的流行决策惯例的行为主体也逐渐增加，因此导致金融资产的卖出量越来越大，卖出金融资产的行为成为金融市场主流，导致金融市场逐渐成为卖方市场，金融资产整体价格形成下跌趋势。

### （二）金融泡沫崩溃的初始阶段

**1. 金融资产整体价格的下跌对系统因素的刺激：$P' < 0 \rightarrow P = F(U, V, W, X, Y, Z)$**

金融资产整体价格的下跌影响到了金融系统的各种构成要素。行为主体的信用水平开始下降，金融资产市场价值的下跌导致以金融资产作为抵押物的贷款大幅减少，行为主体的保证金不断被追缴，或者其持有的金融资产不断被平仓，这导致市场上的流动性大幅减少，也大大打击了投资者的信心；投资者信心的消失以及金融资产整体价格的不断下降导致了越来越多的亏损，使金融市场上的资金越来越多地向其他领域流动。实体经济的投资效果远不如市场所期望的那样好，在金融市场繁荣时期，实体经济过高地估计了市场需求，对未来的收益作出了不切实际的判断，导致大量融资投到的项目脱离实际，其回报率远远低于人们的预期，没有取得良好的收益，甚至出现亏损。金融资产整体价格下降时这些问题才被人们意识到实际上并没有良好的收益率，这样市场上的资金流进一步减少。管理层的严厉监管和紧缩效果显现出来，不会立刻采用宽松的政策扶持股市上升。

**2. 系统因素的过度刺激导致金融资产整体价格进一步下跌：$P = F(U, V, W, X, Y, Z) \rightarrow C_{np} > 0 \rightarrow B(C) < 0 \rightarrow P' < 0$**

基于金融系统的变化和股市下降趋势明朗化逐渐在行为主体的大脑中形成了某种确定性的损失预期，以及市场竞争的时间压力，在这种确定性的损失预期及市场竞争的时间压力下，行为主体的直觉系统又会战胜慎思系统，此时大量抛售手中金融资产的非理性决策惯例又开始流行。行为主体的慎思系统又一次关闭，金融资产整体价格持续下跌的信念开始被植入到行为主体的大脑中，行为主体开始大量卖出金融资产，悲观和恐惧的情绪在市场上开始传播，行为主体的行为表现为非理性。此时，即使是优良的金融资产也被非理性行为错杀，市场上再也找不到可以投资的金融资产，卖出行为成为金融市场的主流，买入者越来越少，交易量越来越萎缩，金融资产整体价格进一步形成下跌趋势。

### （三）金融泡沫崩溃的扩散阶段

金融市场各个层面的投机性交互影响：$P' < 0 \rightarrow \cdots\cdots \rightarrow C_{np} > 0 \rightarrow \cdots\cdots \rightarrow P' < 0$。

金融资产整体价格的持续下跌再一次对金融系统的构成要素产生影响：行为主体信用水平持续下降，所欠债务难以偿还；实体经济的融资难以为继，金融资产难以卖出；大量的违规资金遭到清查，越来越多的资金离开金融市场；政府和监管机构出台越来越多的干预政策，并且干预力度越来越大，力图避免发生金融危机。金融市场上的交易成本越来越大，流动性不断紧缩。

金融系统构成要素的变化影响到行为主体的认知，行为主体对金融资产整体价格持续下降的信念越来越坚定，看跌情绪蔓延，并在不断膨胀，悲观情绪演变为绝望情绪，流行的非理性决策惯例已经扩散到了各个方面。此时，行为主体的非理性决策惯例决定了行为主体的非理性卖出行为，大量优质的金融资产被错杀，行为主体听不进劝告，绝望的情绪导致所有的行为主体大量卖出金融资产，金融资产整体价格大幅下跌，资金大量外逃。政府已经无法控制，只能任凭金融资产整体价格大幅下跌，投资机构大面积倒闭，金融泡沫崩溃不断扩散，金融危机爆发。

在金融泡沫崩溃的过程中，我们看到了金融资产整体价格层面、行为主体的行为层面、流行（非理性）决策惯例层面和系统因素层面的交互作用，金融危机的程度和持续时间取决于金融危机演化机制的四个层面相互转换及共同演化的程度，尤其是金融系统构成要素的反应程度，包括政府出台各种救治措施，如直接调动资金等政策和措施。

## 第五章

# 金融危机形成机理：
# 演化范式的案例分析

很多对金融危机的分析都是事后分析，忽略掉很多当时的不确定因素。人是心智复杂的情境动物，对人产生决定性影响的是综合了各种信息于一体的情境，而不只是情境背后的理性思维和单纯逻辑。因此，要准确把握金融危机形成的机理，案例研究很重要。对于金融市场上的行为主体来讲，金融市场未来的发展都是不确定的，未来发展有多种可能，其路径是多样性的，在当时的情境下如何选择，对行为主体来说是件非常困难的事情。金融市场上的行为主体在当时一定认为他们的选择和决策是合理的，否则不会作出那样的选择和决策。所以，最重要的不是选择和决策结果的对错与否，而是我们选择和决策的机制及模式是否存在错误，否则，未来将永远印证着金融危机的周期性和相似性。演化范式能帮助我们了解怎么犯的错，而不只是犯了什么错和犯了哪些错，我们通过演化范式来找到行为主体在金融危机过程中的选择和决策背后的规律性。

## 第一节　遗传因素诱致的金融危机形成案例分析

金融市场的群体非理性行为诱发了金融危机，群体非理性行为是由群体非理性决策惯例决定的。非理性决策惯例是行为主体的直觉系统战胜慎思系统而成为主导的一种决策模式。非理性决策惯例的特征是直觉的、快速的、自动化的、无意识的、情绪化的、固化的或僵化的，在金融泡沫形成时期表现为行为主体的贪婪、代际遗忘、过高的预期和期望、过高的投资信心和热情等，其产生的非理性行为是过度和疯狂地借贷及购买金融资产；在金融泡沫破灭时表现为行为主体的恐慌、过度悲观、绝望和崩溃等，其产生的非理性行为是过度和疯狂地抛售金融资产。当市场上的非理性决策惯例广为流行时，就形成了非理性的"羊群效应"，即群体非理性。历次的金融危机都具有这种群体非理性特征，而这些特征都源自非理性决策惯例这一基因。这一基因诱致的金融危机演化过程是：当金融市场进入繁荣时期时，行为主体会增加借贷和对金融资产的购买，金融资产需求的增加导致金融市场价格上升，市场价格持续和大幅上升的诱惑使市场逐渐形成了贪婪、狂热的群体非理性决策惯例，进而导致了疯狂借贷和购买金融资产的群体非理性行为，形成了金融泡沫；金融市场的过度繁荣或者是某些内部和外部因素的冲击使部分行为主体逐渐回归理性，这些理性的行为主体开始卖出手中的金融资产，金融资产需求的减少导致市场价格的下跌，市场价格持续大幅下跌的压力使市场逐渐形成了恐慌和绝望的群体非理性决策惯例，进而导致了疯狂违约和抛售金融资产的群体非理性行为，这种群体非理性行为最终诱发了金融危机。

## 一、非理性基因与"大萧条"的爆发

20世纪二三十年代，美国的经济出现了不景气。这段不景气的历史经历的时间之长、程度之深可称之最，这就是后来人们称之为的"大萧条"。"大萧条"首先发起于1929年美国股市的大崩溃，此次大崩溃很快席卷了全世界，紧接着引发了银行业的危机，使银行业陷入了货币投机、银行挤兑、物资短缺、存货上升……多年难以复原的困顿。尽管"罗斯福新政"拯救了大萧条中的美国，但是此后的研究对"大萧条"产生的原因却争论颇大。"大萧条"几乎成了每次金融危机和经济危机发生时，人们用以参照和争论的平台。下面，我们通过回溯这段历史来理解非理性基因诱致的"大萧条"爆发的演化机理和演化过程。

### （一）金融市场的繁荣使市场产生疯狂投机的群体非理性决策惯例

金融市场的繁荣使交易者产生高涨的情绪，进而改变交易者理性的决策惯例。1926 年之后，以美国收音机公司（Radio Company of America，RCA）为代表的新技术行业的股价一路飙升。美国收音机公司的每股股价 1929 年最高达到了 114 美元，与八年前的 1921 年每股 1.5 美元相比，其盈利率达到了 87 倍。而当时无线电指数作为投机典型指标则由 1928 年的 85 上升到 420，又到 1929 年的 505 的顶峰。[①] 这种股价的持续大幅上升形成了一种确定性的"赚钱效应"，并在人们的大脑中逐渐形成了一种确定性的上升预期和购买股票的时间压力。在这种确定性的上升预期和购买股票的时间压力下，交易者的直觉系统逐渐战胜慎思系统，市场上的理性决策惯例逐渐转化为贪婪和狂热的非理性决策惯例，进而导致交易者凭直觉疯狂地借贷购买新技术行业的股票以及与新技术行业不相关的股票。在这一时期，交易者即使闭着眼睛买股票都会赚钱，我们假设把 1000 作为收益指数，把 1926 年 1 月作为基数 1，到 1929 年夏末，收益指数就会是 2485（Harold Bierman，1991）。在收音机和航空股票的带动下，美国股市从 1926 年 3 月到 1929 年 10 月进入了加速期，股价不断飙升，平均上涨了 2.2 倍。

在金融市场繁荣时期，疯狂投机的非理性决策惯例具有极强的传染性。当时，约占全国人口 8% 的美国人投资于证券市场。正如约翰·加尔布雷思（John Galbraith）所言，"1929 年股市投机的惊人之处还不在于参加者多，而是它成为文化中枢的方式。"股市价格的疯狂上涨，让无数人在一夜之间变成百万富翁，这样的诱惑又有谁能抗拒？股票价格的普遍上升使非理性决策惯例的模仿变得越来越简单，只要股市有上涨的现象，

---

① 李晓鹏. 大崩溃［M］. 北京：北京邮电大学出版社，2009.

大多数民众就会非理性地立即买进股票，根本不会去研究股票的未来走势，更不愿意倾听专家的预测评论，或者即使接受旁观者的劝告，决策者们的决策行为通常也不会被简单的提醒和劝告所改变。市场上完全是高涨的非理性情绪的模仿和传染，这种高涨的非理性情绪的模仿和传染效率极高、速度极快、范围极广。1920～1929年，在国民生产总值（GNP）上升50%的背景下，美国国内发行的公司证券九年间由28亿美元上升到90亿美元，总值增加了2倍；道琼斯指数则上升了近3倍，所有的股价平均上升了334%；交易额也猛增，增加了1478%。纽约证交所的年交易量在1922年还是2.6亿股，到1929年就增加至11.3亿股（Hughes，1990）。图5.1为1919～1930年美国标准普尔指数走势。

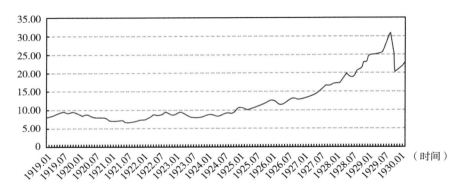

**图5.1　1919～1930年美国标准普尔指数走势**

资料来源：根据罗伯特·席勒（Robert Shiller）个人主页数据整理。

金融体系的创新也在强大的利润驱使之下被不断激发，使交易者更坚定地追随疯狂投机的非理性决策惯例，疯狂投机的非理性决策惯例被更大范围地扩散。

首先，当时的一个重要事件是金融机构的重组。例如，1925年，仅有总额不足5亿美元的信托投资公司合并重组，而在1928年，就有200多家的信托投资公司合并重组，总额达到10亿美元。股票经纪人有增无减地持续放贷，导致了信用膨胀继续扩大。此前的债券融资也被股市直接融资所替代，融资范围的变化为股市暴涨创造了十分有利的条件。1919年，债券融资额为11.22亿美元，股票融资额为15.46亿美元；1929年，债券融资额为 26.20 亿美元，股票融资额为 67.57 亿美元。①

　　其次，大额的杠杆交易在这一阶段得以不断普及。多数股票通过垫头交易（buy on margin）完成。短期同行拆借市场的利息大增，如 1928 年初还是 5%，到年底就上升为 12%，结果是吸引了大量的国内外资金。卷入了短期拆借市场的，不仅是商业银行，还有许多有钱人和大公司。新泽西美孚石油公司投入这个市场的美元，在 1929 年平均每天就达到 6900 万美元。1929 年夏末时，经纪人贷款总额竟然高达 70 亿美元。可是在 20 世纪 20 年代初，经纪人贷款总额每年大约才 10 亿~15 亿美元。

　　此时的交易者只能感受到市场狂热的情绪，股票价格只有连续下降或者狂跌才能改变交易者的非理性决策惯例，或者说，交易者只有短期内切身感受到足够大的危险才能改变非理性决策惯例，理性的学习与推理在此种环境和状态下已经毫无用处，这就是非理性决策惯例的特点。美联储在 1928 年 2 月把贴现率从 3.5% 上调到了 4%，投资热潮仍然没有降下来，尤其是普通个股也违背了经济学的原理，不符合逻辑地疯狂上涨，当 5 月美联储把贴现率上调至 4.5% 时，股市也只是发生了短暂的震荡，很快又开始沸腾了起来。为了控制住股市，1927 年，美联储售出了全年的政府公债。没有想到，非但没有控制住股市，却使得公债市场遭到了重挫。当美联储把贴现率上调至 5% 以上时，投资热还是不退反升，股市的兴旺和经济好转的现象让美国民众更加自信。这种现象就像凯恩斯所讲的"成规"（groove），人们达成了一种默契，形成了一种群体共识，认为现在的情况会继续无限地延伸下去，从而形成了潜在的危险。这种风险又被金融市场所放大。经纪人会不负责任地设法夸大未来的收益，来蒙蔽投资者，不让投资者了解真实的信息。正如凯恩斯所提到的，在有价证券交易所等有组织的投资市场中，投机者不去合理地估价资本资产的将来收益，因而使购买者对他们所购买的东西在很大程度上认识不清。所以，最后会导致"过度购买"和"过度抛售"的

---

① 李晓鹏. 大崩溃 [M]. 北京：北京邮电大学出版社，2009.

非理性行为。

### （二）金融系统的恶化导致交易者的理性决策惯例的回归

金融系统的恶化导致非理性决策惯例的崩溃。1929 年 2 月 2 日，美联储发布了禁止其会员银行把其储备的银行资金放贷给证券经纪人的禁令。两周后又追加通知，"要尽可能阻止各家银行的联邦储备资金以有价证券的形式流入投机者手中"，并把活期贷款利率再次上浮，上调到了20%，终于使股市投机热被控制住。在 1929 年 9 月，胡佛又签署了一系列的法令：成立维克山姆委员，严格执行禁酒令；确立一个农产品市场法案，以防止过剩现象；等等。当一系列系统因素的变化反映到交易者的思想中时，使交易者再也找不到能够引起市场共鸣的时尚话题，与非理性决策惯例相关的各种概念也无法再被交易者深度挖掘，支撑交易者买入信念的非理性决策惯例处于崩溃阶段。当非理性决策惯例崩溃时，交易者处于观望状态。此时，交易者不再买入新的股票，交易逐渐减少，到了 1929 年 9 月 3 日，"大牛市"终于达到了顶点。

支撑交易者买入信念的非理性决策惯例的崩溃导致理性决策惯例的回归，理性决策惯例的交易者开始卖出股票。股票价格快速上涨压力的消失使交易者对于这一切有了清醒的认识，直觉系统逐渐与慎思系统合作，交易者们逐渐意识到自己的错误，某些交易者开始有意识地卖出股票，保护既得利润。通过市场传播结构，这些交易者的行为引起其他投资者的关注，他们经过思考金融系统的变化和其他交易者的行为后，作出自己的判断，选择了卖出股票，卖出股票的决策惯例开始流行。卖出股票的决策惯例的流行导致股票被大量抛售，从而造成了股价的连续下降。

### （三）金融泡沫破裂使市场产生疯狂抛售股票的群体非理性决策惯例

股票价格的持续和大幅下跌波及金融系统，金融系统发生联动反应使交易者产生恐慌情绪，进而改变了交易者的决策惯例。过度杠杆比率的采用导致信用风险在股票的连续下跌过程中被迅速释放出来，银行不得不直接承受这些风险。银行为缓解流动性不足，不得不将手中的金融资产降价处理。"债务—通货紧缩"机制被启动，导致股票价格的普遍下跌。1929 年 10 月 24 日，是历史上著名的"黑色星期四"，在这一天，美国华尔街股市上演了大崩盘，股票价格突然暴跌，价格下跌的速度超乎想象。这种股价的持续和大幅下跌形成了一种确定性的损失效应，并在人们的大脑中逐渐形成了一种确定性的下跌预期和卖出股票的时间压力。在这种确定性的下跌预期和卖出股票的时间压力下，交易者的直觉系统又会战胜慎思系统，市场逐渐形成了恐慌和绝望的非理性决策惯例，进而导致交易者凭直觉疯狂抛售手中股票，包括业绩非常好的新技术行业的股票，导致大批业绩好的股票被股票下跌的狂潮所吞噬。

在金融泡沫破裂时期，恐慌和绝望的非理性决策惯例也具有极强的传染性。金融市场的持续和大幅下跌使交易者深信下降趋势将会持续下去，恐慌和绝望的非理性决策惯例快速地扩散到各个方面，看跌情绪蔓延，并在不断膨胀。1929 年 10 月 29 日，是历史上著名的"黑色星期二"，华尔街股市迎来了又一次大崩盘，股票价格又一次暴跌，所有投资者都疯狂地抛售手中的股票，股票指数一天内下跌了 40%。之后的股市持续下跌，仅仅两个星期的时间，300 亿美元股票市值消失殆尽。这一数额相当于美国又参与了一次世界大战。交易者卖出的对象进一步广泛化，公司基本面良好的金融资产的价格也在大幅下跌。所有交易者都在积极卖出，金融资产价格大幅下跌，资本大量外逃。此时，只有金融资产价格连续和大幅度上升或者股市的再次疯狂上涨才能改变交易者疯狂抛售股票的非理性决策惯例，也就是说，交易者只有在短期内切身感受到足够大的利益才能改变非理性决策惯例，理性的学习和推理在此种环境与状态下已毫无用处。但是，政府无力做到这一点，因此无法控制和改变这种局面，只能任凭金融资产整体价格大幅下跌，投资机构大面积倒闭，金融市场进一步崩溃。1932 年，美国有 1400 家银行被迫关闭，约占美国银行总数的 50%，美国经济陷入了最低谷。1933 年 7 月，股市最终走到了最低点，当时股票市场价值大约有 740 亿美元，是 1929 年 9 月股票市场价值的 1/6。经济大萧条使得美国全境的企业大量破产，引发了失业人数的激增。这期间，美国城市失业人数约为 1300 万人，总失业率由 1929 年前的 3.2% 上升至 24.9%，1934 年则达到 26.7%，国民经济完全陷入了绝境。①

金融市场超乎寻常和难以控制的"繁荣"与"崩溃"归根结底是难以控制的"高涨"和"恐慌"的非理性决策惯例的传播，这也是任何经济学理论都无法解释这种现象的原因，因为贯穿和影响这一过程的主要是非理性的情绪，而不是逻辑。经济理论中的任何以理性为基础的机制都不能单一地解释和控制这种非理性的金融市场现象。

## 二、非理性基因与金融危机的复制

行为主体的非理性决策惯例的遗传基因始终存在于金融危机形成的演化过程中。在金融泡沫形成时期和金融泡沫崩溃时期，行为主体的非理性决策惯例以及由此产生的行为始终是金融危机演化的核心变量，表现为交易者的投机情绪与资产价格呈现出高度的耦合。尽管引发历次金融危机的原因是错综复杂的，但是历数每次金融危机的不同发展阶段，行为主体情绪的起落始终与金融市场中的资产价格起落存在着高度的耦合，这说明行为主体非理性决策惯例的遗传基因使金融危机得以不断复制。值得注意的是，在本部分的分析中，"行为主体"不仅仅局限于微观层面的金融市场交易者，还包括宏观层面的"政府行为"。金融系统的不确定性既来自市场的非理性行为，也来自政府的非理性行为，这种非理性行为是由政府的非理性决策惯例决定的，即政府的直觉系统战胜慎思系统而成为主导的决策模式。政府的非理性决策惯例也是导致金融危机的原因之一。政府非理性决策惯例的特征是：在市场繁荣时期表现为对其决策的过高期望和信心及对其成功的沉醉，其产生的非理性行为是僵化和固执的经济政策；在市场衰退时表现为过度悲观、惧怕和恐慌，其

① 李晓鹏. 大崩溃［M］. 北京：北京邮电大学出版社，2009.

产生的非理性行为是过度的借债和发行钞票等。

### （一）金融危机遗传基因的复制——亚洲金融危机

20 世纪 60 年代中期以来，在世界经济整体不景气的背景下，东亚经济却保持了 20 多年的高速增长，这种"亚洲奇迹"为世界很多国家的学者所研究探讨。在 1997 年亚洲金融危机之前，亚洲各国和地区呈现出一片欣欣向荣的景象。然而，繁荣背后却潜伏着一系列问题，这些矛盾和问题本质上都是行为主体的非理性所演化的行为结果。本部分的案例分析将从"遗传基因复制"的角度出发，按照前面的理论逻辑，深入分析"行为主体非理性"是如何诱发亚洲金融危机的。

事实上，早在 1994 年 12 月墨西哥金融危机爆发前后，一些经济学家已经指出东南亚可能会爆发类似的金融危机。例如，克鲁格曼（Krugman，1994）认为，东南亚经济发展的奇迹主要是由于过度的投入、过高的投资、快速的资本流入和超量的人力资本输入等带来的，而总生产要素能力的增长并不是主要原因，在这种经济模式下所发展的经济奇迹将不会久远。其实，从克鲁格曼对亚洲金融危机的预测可以看出，此次危机形成的初始点正是以政府为代表的"行为主体"在经济基本面的刺激下产生了乐观情绪，逐渐形成了非理性决策惯例，如固化的经济结构、僵化地大规模引入外资、惯性地钉住美元的汇率制度、狂热地过度开放金融市场以及放松资本管制等。

对金融危机的深层次反思往往是事后的。许多经济学者指出，1997～1998 年的亚洲金融危机的内在原因与亚洲各国和地区长期奉行的经济制度或经济政策是分不开的。例如，当时大多数国家和地区奉行出口导向型政策，以出口带动本国或本地区工业部门的发展。但是面对外资紧缺的客观难题，东南亚国家和各地区不惜过度开放本国金融市场，放松资本管制。在这一过程中，东南亚各国和各地区吸引了大规模的外资，导致债务结构极其不合理。同时也是为了得到引进外资方面的便利，除日本外，当时的东亚各国和各地区普遍实施钉住美元的汇率政策。值得注意的是，正如克鲁格曼所分析的，东亚经济发展的奇迹并不是全要素生产率提高的结果，而是一种泡沫化的非理性繁荣，在投资结构不合理的同时，还伴随着结构性的经常账户赤字和外汇储备不足。

然而，上述金融危机前夕的暗潮涌动往往深藏于表面的繁荣之下。在金融危机爆发前，东南亚各国和各地区的国内生产总值（GDP）增长率平均达到 7% 以上，而同期主要发达国家的 GDP 增长率平均不到 3%。市场在这样的内外部因素的刺激下逐渐形成了非理性决策惯例，这种非理性决策惯例不仅使东南亚国家和各地区政府层面继续奉行高风险的依赖外资、钉住美元以及开放金融市场等政策，也使金融市场的交易者更为普遍地对金融资产进行疯狂投机。

以股市为例，由表 5.1 可以看出，在金融危机前夕，以泰国、马来西亚、菲律宾、印度尼西亚和中国香港为代表的国家和地区的股市呈现出了倍数增长，这一信号表明狂热的非理性决策惯例普遍存在于各国和各地区金融市场的交易者身上，尤其是泰国、菲律宾和印度尼西亚，其股市在短短几年间翻了 5 ~ 15 倍不等，其金融市场明显表现为贪婪和狂热的非理性特征，整个金融市场呈现出了巨大的泡沫。

表 5.1 　　　　　　　1986 ~ 1994 年部分国家和地区的股市情况

| 国家/地区 | 股市情况 | 涨幅（%） |
|---|---|---|
| 泰国 | 1986 ~ 1994 年：150 ~ 1600 点 | 967 |
| 马来西亚 | 1986 ~ 1994 年：700 ~ 1200 点 | 71.4 |
| 菲律宾 | 1986 ~ 1994 年：200 ~ 3200 点 | 1500 |
| 印度尼西亚 | 1986 ~ 1994 年：< 100 ~ 600 点 | 500 |
| 中国香港 | 1986 ~ 1994 年：7000 ~ 16000 点 | 129 |

资料来源：根据国际货币基金组织（IMF）历年《全球金融稳定报告》整理。

进一步观察楼市，在 1995 年一年的时间内，马来西亚吉隆坡的房地产价格上涨迅猛，房地产销售价格增长了七成，房地产的租金价格增长了五成。过高的房地产价格导致过高的房屋空置率，1995 年吉隆坡的房屋空置率为 5%，而到 1998 年房屋空置率则上升为 25%。泰国曼谷的房地产价格同样上涨迅猛，1988 ~ 1992 年，曼谷的房地产价格增长了将近 2 倍；而 1992 ~ 1997 年，房地产价格则增长了 4 倍，有些地方其地价竟然一年上涨了 14 倍。1996 年，泰国的房屋空置率持续升高，其中办公楼空置率高达 50%。从居高不下的房产空置率可以发现，这一时期交易者的非理性特征已经十分明显，房地产价格的高涨不仅仅是财富效应下的客观需求，更是交易者过度乐观情绪下所滋生出的非理性投机需求的体现。

随着金融泡沫的不断膨胀，金融市场进入不稳定状态，理性回归阶段必将来临。可以想象，随着东南亚等各国的固有经济模式达到平衡增长路径，外资持有者以及本国投资者逐渐回归理性，经济泡沫或者被挤出，或者被刺破形成严重的金融危机。正如 1997 年亚洲金融危机的始作俑者乔治·索罗斯所言："从亚洲金融风暴这个事情来讲，我是否炒作对金融事件的发生不会起任何作用。我不炒作它照样会发生……"

1997 年 2～3 月，以索罗斯为先锋的投机家便开始从泰国银行买入高达 150 亿美元的远期合约，随后数次大量抛售泰铢、买进美元，压低泰铢现货市场汇率，引起泰国金融市场的动荡。3 月 3 日，泰国政府点名指定 9 家财务公司和 1 家住房贷款公司增资 82.5 亿泰铢以缓解流动性问题，并要求其他商业银行增加呆账准备金。从这一举措可以看出，此时的泰国政府依旧保持了僵化的非理性决策惯例，试图维持钉住美元的汇率制度。但是，这一举动却加速了"金融市场的理性回归阶段"向"非理性的金融市场崩溃"的过度，微观层面的金融市场交易者逐渐形成恐慌的非理性决策惯例。面对金融市场的混乱，泰国央行同样保持了僵化的非理性决策惯例，一方面动用 120 亿美元干预外汇市场，即大量抛售美元、买进泰铢以保卫泰铢汇价的稳定；另一方面提高离岸同业拆息至周息 1000 厘，并禁止境内银行向境外银行出售泰铢，新加坡也向泰国银行提供了援助。但是这些措施并不能改变国际游资以及金融市场交易者的恐慌和绝望的非理性决策惯例。交易者恐慌和绝望的非理性决策惯例造成了股市抛售以及银行、财务公司股票的波动，储户也加紧挤提泰铢存款。5 月初，曼谷证交所指数从 1110 点跌破 600 点。5 月 14 日，泰国股价、汇价双双下跌，股市再跌 5.408%，在亚洲外汇市场上泰铢对美元的汇率下跌到 1 美元兑 26.35 泰铢，跌幅达 1.4%。整个金融市场进入崩溃的初始阶段。

随着泰国央行为了维持泰铢兑美元的汇率逐渐耗尽本国的外汇储备，1997 年 7 月 2 日，泰国财政部与中央银行发表联合声明，宣布放弃实行了 14 年的钉住美元浮动的汇率制，令泰铢汇价自由浮动。当天，泰铢损失了近 1/5 的国际购买力，外汇市场一片混乱。随后，汇价拖股价呈双双下跌的趋势。泰国的汇价与股价双双下跌使交易者恐慌和绝望的非理性决策惯例进一步扩散到整个东南亚。按照前面的分析框架，此时金融市场崩溃的初始阶段已经随着交易者恐慌和绝望的非理性决策惯例的扩散逐渐过渡到金融市场崩溃的扩散阶段，表现为东南亚各国和各地区纷纷放弃固守多年的钉住美元的汇率制度。

在随后的一段时间内，东南亚主要国家和地区的货币纷纷跳水，泰铢下跌 26.2%，菲律宾比索下跌 13.0%，印度尼西亚盾下跌 10.4%，马来西亚林吉特下跌 9.4%，新加坡元下跌 4.8%。然而，这仅仅是危机的开始，随着金融市场崩溃的扩散阶段进一步深化，1997 年 8 月中下旬至 10 月底，东南亚各国和各地区货币汇率再创新低，同时引发各国（地区）股市狂泻不止，形成汇市拖累股市、股市拖累汇市的轮番下跌的恶性循环（见表 5.2、表 5.3）。与此同时，由于交易者恐慌、绝望的非理性决策惯例的不断深化和扩散，金融市场的崩溃也不断深化，金融危机的破坏范围不断扩大，由泰铢暴跌引发的金融危机风暴吹向中国香港、中国台湾和东北亚。

**表 5.2　　　　金融危机下的部分亚洲国家和地区汇市波动**

| 时间 | "新台币" | 新加坡元 | 马来西亚林吉特 | 韩元 | 泰铢 | 菲律宾比索 | 印度尼西亚盾 | 港元 |
|---|---|---|---|---|---|---|---|---|
| 1997 年 1 月 2 日 | 27.8 | 1.402 | 2.536 | 840.1 | 25.34 | 26.2 | — | 7.737 |
| 1997 年 1 月 15 日 | 27.76 | 1.409 | 2.49 | 849.56 | 25.14 | 25.99 | 2273.82 | 7.731 |
| 1997 年 2 月 14 日 | 27.89 | 1.42 | 2.501 | 921.37 | 25.59 | 25.84 | 2345.3 | 7.74 |
| 1997 年 3 月 14 日 | 28.18 | 1.438 | 2.487 | 909.94 | 25.57 | 26.0 | 2308.8 | 7.735 |

续表

| 时间 | "新台币" | 新加坡元 | 马来西亚林吉特 | 韩元 | 泰铢 | 菲律宾比索 | 印度尼西亚盾 | 港元 |
|---|---|---|---|---|---|---|---|---|
| 1997年4月15日 | 28.1 | 1.447 | 2.517 | 910.65 | 25.59 | 26.02 | 2276.6 | 7.741 |
| 1997年5月15日 | 28.06 | 1.437 | 2.523 | 888.68 | 25.9 | 26.17 | 2307.9 | 7.732 |
| 1997年6月13日 | 28.07 | 1.428 | 2.523 | 888.79 | 24.9 | 26.17 | 2343.2 | 7.733 |
| 1997年7月15日 | 28.19 | 1.446 | 2.58 | 910.41 | 28.66 | 28.66 | 2496.3 | 7.739 |
| 1997年8月15日 | 28.72 | 1.515 | 2.769 | 889.6 | 29.77 | 28.4 | 2597.15 | 7.74 |
| 1997年9月15日 | 28.82 | 1.52 | 3.005 | 923.23 | 33.74 | 31.91 | 2834.25 | 7.738 |
| 1997年10月15日 | 27.85 | 1.55 | 3.168 | 888.45 | 33.25 | 35.73 | 3360.65 | 7.73 |
| 1997年11月20日 | 32.7 | 1.602 | 3.525 | 1139 | 39.65 | 34.78 | 3565 | 7.73 |
| 贬值程度（%） | 17.72 | 14.28 | 39.0 | 35.58 | 56.47 | 32.75 | 56.78 | 0.09 |

资料来源：笔者根据 IFS 数据（http：//ifs. apdi. net）整理。

**表5.3　　　　金融危机下的部分亚洲国家和地区股市波动**

| 时间 | 日本 | 新加坡 | 马来西亚 | 韩国 | 泰国 | 菲律宾 | 印度尼西亚 | 中国香港 |
|---|---|---|---|---|---|---|---|---|
| 1997年1月2日 | — | 2224.08 | 1230.53 | 653.79 | 803.13 | 3154.28 | 638.1 | 13203.44 |
| 1997年6月27日 | 20523.75 | 1974.37 | 1070.06 | 738.43 | 528.18 | 2835.03 | 716.83 | 15196.7 |
| 1997年10月28日 | 16312.69 | 1497.03 | 647.32 | 495.28 | 460.80 | 1740.18 | 448 | 9059.89 |
| 1997年11月21日 | 16721.58 | 1642.40 | 560.09 | 506.07 | 421.59 | 1849.69 | 391.26 | 10548.2 |
| 贬值程度（%） | 18.35 | 26.15 | 54.48 | 22.59 | 47.51 | 41.36 | 38.68 | 20.11 |

资料来源：笔者根据 IFS 数据（http：//ifs. apdi. net）整理。

本部分以 1997 年亚洲金融危机为例进行了案例分析，深入探讨了行为主体非理性决策惯例如何在金融危机形成的演化过程中发挥作用，以及行为主体非理性决策惯例遗传因素如何贯穿于金融危机的始终，并产生复制。本部分所探讨的非理性行为主体包含两类：一类是以东南亚各国（地区）为代表的政府层面的决策者；另一类是微观层面的交易者。按照"金融危机形成的演化分析范式"的理论逻辑，行为主体的乐观情绪是由金融系统的变化引起的，并形成了流行的非理性决策惯例。在本部分的案例分析中，金融系统的变化形成了 20 世纪 60 年代中期以来的"亚洲奇迹"，它直接导致了政府层面的决策者形成了僵化的非理性决策惯例，而微观层面的交易者的乐观情绪表现为大量的外资流入和股市、房市的短期高涨。按照本书的理论框架，随着金融市场进入理性回归阶段和崩溃的初始阶段，交易者贪婪和狂热的非理性决策惯例会逐渐转变为恐慌、绝望的非理性决策惯例，这种恐慌、绝望的非理性决策惯例不断扩散导致金融市场进入崩溃的扩散阶段，表现为泰国汇价和股价的双双暴跌并带动周边各国（地区），如马来西亚、印度尼西亚和菲律宾等国的汇价和股价的暴跌，中国香港、中国台湾乃至韩国、日本的汇价、股价也遭受牵连，最终形成了波及整个亚洲地区的金融危机。

## （二）金融危机遗传基因的复制——2007 年美国次贷危机

2007 年，美国次贷危机的影响力仅次于 20 世纪二三十年代的"大萧条"。美国的次贷危机形成可追溯至小布什上台时期，从其倡导的构建"所有者社会"开始。布什政府认为居者有其屋是"所有者社会的基石"，因此尤为重视家庭是否拥有房产。为了实现这一政治愿景，美国政府开始实施一系列政策措施，以鼓励支持中低收入居民购买房产。初期推行的降低按揭贷款利率、提供购房补贴等政策虽有风险，但仍处于可控范围内，显然布什政府初期的决策惯例仍处于金融市场正常运行的范畴内。

住房政策和金融创新刺激中低收入者的购房需求与金融机构的金融服务热情。为了实现目标，布什政府采取更多手段来刺激购房需求：一方面要求美国住房和城市发展部（HUD）降低无房人口比例；另一方面倡议金融业为住房私有化提供支持。另外，美国政府还通过发展次级债的新手段来为住房私有化提供支持。然而美国联邦政府并未正确认识到次贷证券化自由发展可能产生的风险，仍保持着乐观情绪，认为市场能够有效应对风险，逐渐形成了僵化的非理性决策惯例。在政府政策鼓励和支持下，诸如投资银行、商业银行和其他投资机构等金融机构开始纷纷加入次级贷款市场，为中低收入居民提供购房按揭贷款，并进行贷款证券化，满足各金融机构投融资需求，信贷审核不断放松，购房需求不断膨胀，房价高企（见图5.2）。同期美国联邦储备银行连续降低基准利率，融资成本不断降低。在房价不断上涨和宽松政策背景下，美国次贷市场交易者也逐渐形成了非理性决策惯例，进入疯狂投机状态。贷款审核宽松，对借款人的还款能力视而不见，不顾此类贷款会给抵押贷款支持证券（MBS）投资者带来巨大损失，依旧向借款人提供次级贷款。人们普遍认为金融机构出于本能将规避致命风险，因此无须过多监管，低估风险的影响，而实际上，参与次贷市场的金融机构因过度贪婪导致处于低资本金、高短期融资状态，承担着高违约风险。2004年9月，美国国家金融服务公司（Countrywide）高管察觉到公司发放的贷款会给公司

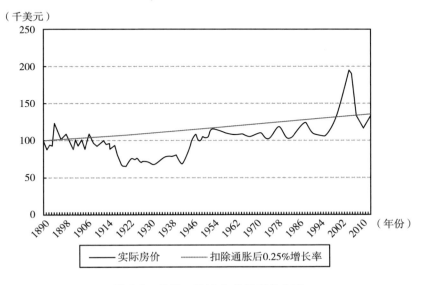

图5.2　1890～2010年美国房价走势

资料来源：www. homeprice. standardandpoors. com.

造成"灾难性后果",然而在过度乐观的非理性情绪下,低估了风险的能量。一般情况下,证券评级机构可通过准确评估来有效控制风险证券的发行和流通,但市场原则引入了刺激评级机构追求利益最大化的机制,导致评级机构在贪婪的非理性下做出错误评级,未有效阻止和限制"有毒"证券在市场上流通。内心欲望的不断膨胀,使得金融市场的各方参与者无法对风险做出正确判断,金融市场存在普遍的非理性行为。

金融市场各方参与者无限贪婪的非理性行为和监管自由化导致风险"雪球"越滚越大。中低收入居民在完成住房目标后,仍然利用宽松住房政策加入住房投资队伍中,在快速上涨的房价下,动了了房地产投机念头,以谋取超额利益。这部分中低收入者将自有房屋抵押给次级抵押贷款公司,以获取贷款,再将贷款用于投资房地产,周而往复,在房价上涨速度超过利率的前提下,几乎稳赚不赔。抵押贷款经纪人同样乐于进行次级抵押贷款业务,经纪人可在不承担任何信贷风险的情况下赚取手续费。投资银行等同样乐于从事次级抵押贷款相关业务,在盲目追求最小资本获取最大利益的过程中,忽视了风险的重要性。2007 年美国五大投资银行的平均杠杆率约为 40.3% 的资产损失便将使这些投资银行不复存在。堪称"杠杆之王"(king of leverage)的房地美和房利美,其杠杆比率高达 75%。更糟的是,五大投行的借款大部分来自隔夜拆借市场。2007 年末,贝尔斯登拥有的所有者权益仅为 118 亿美元,而其负债达到了 3836 亿美元,其中在隔夜拆借市场上的借款高达 700 亿美元。总之,在"市场利率不会大幅上升"和"房地产价格将持续上涨"的乐观预期下,住房购买者、各类金融机构形成了非理性决策惯例,做出不断举债、试图以最少的资本获取最大收益的非理性决策行为。另外,由于崇尚监管自由化和自律监管,监管者并未通过自身法定权利来维护金融体系稳定:美国证监会应该要求大型投资银行持有更多的资本金,并叫停其自身的高风险投资行为;纽约联邦储备银行和其他监管机构应该遏止导致花旗银行陷入危机的过激冒险行为;政策制定者和监管者应该及时采取措施阻止抵押贷款证券化的失控。总而言之,政府的非理性决策惯例与市场各方参与者的非理性行为共同促进了风险泡沫发展。

金融系统的变化最终导致泡沫破灭，市场流行的恐慌非理性行为最终诱发了金融危机。为了抑制通货膨胀以应对原油和大宗商品价格上涨，美联储于2004年6月开始进入加息周期，连续加息17次，并在2007年7月达到6.7%的高位。美联储连续加息行为实质上是通过收紧流动性来对过热的房地产进行降温，然而并未引起市场各方极度乐观的参与者的重视。随着利率重新设定，借款人开始面临远高于预期的利率，房屋借贷成本提高，抑制了房地产需求，最终导致房价下跌和按揭违约增加。当房地产市场和抵押贷款市场崩盘时，市场将在过度借贷、高风险投资、缺乏透明度等影响下逐步由贪婪转为恐慌。2007年随着美国新世纪金融公司（New Century Financial Corporation）破产，标准普尔降低了次级抵押贷款债券评级，标志着次贷危机的爆发。由于市场参与者和政府监管的非理性决策导致风险泡沫不断发展累积，最终在系统因素变化的影响下不可避免地引发了金融危机。

总而言之，在政府和市场的双重非理性决策的影响下，金融市场潜在风险不断累积，一旦系统因素发生变化，将不可避免地导致危机的爆发。通过对比，可知次贷危机同"大萧条"和亚洲金融危机时期存在共性，即非理性决策惯例诱使金融危机的产生，这一遗传因素具有可复制性。罗伯特·席勒（Robert Shiller）曾根据非理性行为预测到了2008年发生的金融危机，这也佐证了金融危机所存在的共性，即"人的非理性行为导致金融危机"是普遍存在以及可复制的。

## 第二节　基因变异因素诱致的金融危机类型变异的案例分析

由前面的分析可知，非理性决策惯例这一遗传基因的客观存在是导致金融危机不断爆发的一个重要因素。但是从历次金融危机形成的演变过程来看，金融危机的形成各具特点，如果将金融危机看作是某种"病毒"导致的"生理疾病"，可以发现历次"生理疾病"都表现出不同的变异症状。从演化范式的视角来看，金融危机类型的变异是非理性决策惯例这种遗传基因发生变异的结果。经济和金融活动的变异归根结底是双系统决策模式中储存的信息的增加、缺失或替换。直觉系统和慎思系统储存的信息都可能发生变化，双系统决策模式中储存的信息的增加、缺失或替换使双系统决策模式发生变异，形成了新的决策模式，这些新的决策模式就是决策惯例。正如前面所论述的，导致遗传基因发生变异的原因包含两个方面：一个是行为主体认知模式的变化；另一个是金融系统的变化。本部分将采用如下两类视域进行案例分析：一是基于市场和政府二元调节的视域，二是基于国际金融视域，全方位地深入探索上述两个方面的原因如何导致遗传基因的变异，并逐渐转化为非理性决策惯例，进而产生金融危机类型的变异。

## 一、市场和政府二元调节视域下的金融危机类型变异的案例分析

不管哪一类或哪一种金融危机都面临着市场机制和政府干预这两类机制的失灵，这不仅涉及怎么样理解金融危机的问题，还涉及怎么样解决金融危机的问题。市场机制本身具有一定的管控经济危机功能，政府干预也是用来管控危机的发生，两种经济思想体系都有过促进金融稳定和金融发展的成功历史，不成功的历史也同样有不良记载，政府对这两者的过于依赖和僵化地使用形成了不同的非理性决策惯例，即基因的变异。不同的非理性决策惯例又诱致了不同类型的金融危机。本部分将在市场和政府的二元调节视域下，以时间轴线进行案例梳理，分析不同的非理性决策惯例导致的市场失灵型到政府失灵型、再到市场与政府双失灵型金融危机的演化。例如，20 世纪 20 年代，市场逐渐形成了自由放任型决策惯例，慢慢转化为僵化的自由放任型非理性决策惯例，最终诱致了 20 世纪 30 年代的"大萧条"——市场失灵型金融危机；"大萧条"之后，市场逐渐形成了政府干预型决策惯例，到了 20 世纪 70 年代，慢慢又转化为僵化的政府干预型非理性决策惯例，最终诱致了"滞胀"——政府失灵型金融危机；2007 年席卷全球的次贷危机是又一次基因变异的结

果，"次贷证券化"型非理性决策惯例最终诱致了"政府"和"市场"双失灵型金融危机。

**（一）僵化的"自由放任"型非理性决策惯例诱致了"市场失灵"型金融危机**

新古典经济学相信市场自动调节机制的有效性，认为市场经济能够自动趋向均衡，市场能自己解决外部随机冲击导致的失衡问题，但无视经济系统内部能产生不确定性，错误地认为经济系统外部的随机冲击是不确定性产生的唯一根源。他们以忽视人性的简单推理认为，既然市场会让经营不善的公司破产，那么公司会高度自律，不会冒着破产的风险去投机。这种经济理论主张采用自由放任、减少政府干预的经济制度，政府对经济的监管不能太严，过度监管会扼杀公司的创新，经济因而失去活力而呆滞。在这种思想指导下，1923～1929年在任的美国总统柯立芝推崇"小政府、大市场"的经济政策。这种经济政策本质上完全是自由放任主义，柯立芝时代美国联邦政府不断减弱对市场的规范与监管力度，同时，长期实行低利率政策。长期的低利率是对市场流动性扩大的激励。1924～1928年，美国一直是执行低利率政策的国家；同期，美国商务部多次劝说美国的银行家们，积极向国外放贷，无论是私营的还是国营的，只要申请者购买美国的商品就行。长期的低利率使市场的交易成本极大降低，交易成本的降低势必促使交易频率上升，而交易频率的上升又会使市场上的流动性增加，活跃了市场。"自由放任"的市场经济政策使美国在20世纪的整个20年代都处于繁荣时期，同时也是美国资本市场的大繁荣时期。

自由放任的经济与金融政策的成功使美国政府逐渐形成了"自由放任"型决策惯例，即越来越多的人认同自由放任的经济政策。随着股价一路狂飙，整个美国都在盲目支撑股市飙升，一旦出现疲软现象时，美国政府就会出来发表讲话，稳定民心。与此相反的是，1927年下半年，商业活动的情景则是断崖直落，如脱缰的"野马"。1927年8月，美联储介入，把美元的再贴现率降低，从原来的4%降至3.5%，并且政府债券也允许进入市场自由交易，这等于给燃烧的股市火上浇油。美联储认为，用降低再贴现率可以刺激贸易市场，复活呆滞不前的商业，复苏经济。但是，事与愿违，贴现率下调的结果如火上浇油，让本来就持续"发烧"的股市变得高烧不退。此时表明，政府对自由放任的经济政策的沉醉已经使政府逐渐产生了僵化的自由放任的非理性决策惯例，政府过于相信市场机制的调节能力。1928 年 11 月，信奉"自由放任"经济政策的胡佛当选总统，他的当选让人们对于"大牛市"更加有信心，股民们的新期待就是"再繁荣 4 年"！金融市场的非理性决策惯例也不断扩散，各地的股市也像是坐上了火箭，升得很高。事实上，20 世纪 30 年代美国金融危机的爆发表明，市场机制不能以自身能够承受的代价纠正市场本身的错误，最终只能通过市场不能承受的金融危机的代价来纠正市场自身累积的错误。

## （二）僵化的"政府干预"型非理性决策惯例诱致了"政府失灵"型金融危机

20 世纪二三十年代的"大萧条"，在凯恩斯主义的宏观经济调控下得以抚平，政府干预政策的成功使政府逐渐形成了政府干预型决策惯例。"大萧条"之后的几十年里，经济复苏在整个西方资本主义国家得以实现，日本和美国尤显突出，经济增长势头迅猛，全球众多国家呈现出了增长幅度大的特点。越来越多的行为主体开始认同政府干预经济的模式，逐渐意识到积极的财政政策、积极的货币政策，以及社会福利政策暗含的对商业活动的激励。债务经济、信贷放松、低利率等政策是对市场流动性扩大的激励，积极的财政政策和社会福利政策带来的是可持续性流动性的保证。这些新的信息从各个方面都是对市场的激励，尤其是政府长期的积极货币政策，使市场形成了稳定的通货膨胀的预期，稳定的通货膨胀的预期又会使交易频率上升，交易频率的上升又会使市场上的现金流增加，财政赤字和债务经济又对未来的现金流提供保证。市场看到了可能带来的经济繁荣，它以对扩张性经济政策的理性预期为基础，以信贷为主要内容。这种信贷交易行为经过市场上的多次实践，获得了比较好的回报，逐渐增强了交易者的信心。随着政府干预经济的政策得到普遍认可和成功，逐渐形成了政府干预型决策惯例，这种政府干预型决策惯例被历届美国政府的领导者们所模仿并传承下来。

政府干预经济的反危机政策得到正面回应之后，政府自以为得到了驾驭经济运行的秘诀。同时，人们一般认为失业带来的痛苦与通货膨胀相比更大一些，极力避免经济下滑、失业加剧，所以对提高利率、紧缩银根、增税、削减支出等反通货膨胀政策不为重视，甚至表现出不满。这实际上低估了通货膨胀的严重性，无形中纵容了赤字经济的进一步发展。客观地说，美国执政当局只希望在自己有限的任期内不出现大面积的失业和社会动荡，在制定经济政策上是缺乏长远眼光的，他们极为敏感地注视引起失业的任何经济衰退迹象，稍有风吹草动的迹象出现，政府就会改变抑制通货膨胀政策，以至于对作用缓慢的反通货膨胀政策无暇顾及。政府干预型决策惯例逐渐转化为政府干预型非理性决策惯例，即政府对宏观调控的效果深信不疑，完全相信宏观调控会避免经济衰退和经济危机，政府开始过度借债和发行钞票，即使通货膨胀程度很高，也坚决地按照宏观调控的决策惯例实施扩张性宏观经济政策。这种僵化的非理性决策惯例不可避免地会引发通货膨胀。1969 年，美国市场中的货币流通量明显增多，源于美联储货币增长速度明显加快，广义货币供应量开始大幅提高。美元过度发行，不仅给国内的流动性造成泛滥，而且还必然波及国际市场，造成世界范围内的美元流动性过剩。美国债务总额猛增，1946 年为 4000 亿美元，而 1974 年则为 25000 亿美元[1]。物价的不断上升，使得通货膨胀变得难以控制，由于通货膨胀形势不断恶化，造成整个社会为其买单（见图 5.3）。

### （三）"次贷证券化"非理性决策惯例诱致了"市场与政府双失灵"型金融危机

美国政府扶持的次级房贷及次贷证券化政策的成功使政府逐渐产生

---

[1]　美国联邦储备经济数据库。

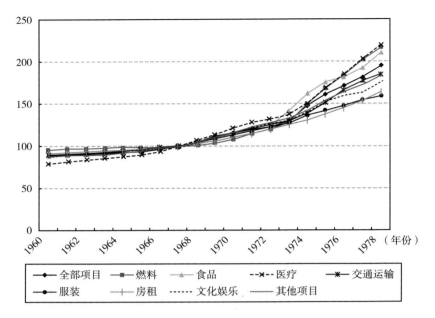

**图 5.3　美国消费者物价指数变动（1960～1978 年）（1967＝100）**

资料来源：Economic Report of the President ［M］. Washington，D. C：U. S. Government Printing Office，1979：239.

了通过"次贷证券化"刺激经济的决策惯例。布什政府提倡建设一个"所有者社会"，号召房地产和抵押金融业界共同努力帮助克服美国人拥有房产的障碍，呼吁业界采取切实步骤拆除少数族裔家庭拥有房产的障碍。同时，设立了贷款银行，以低息贷款的方式借给全国数千个私人银行，让他们向为中低收入家庭发放房屋贷款。为推动抵押二级市场，美国政府还成立了保险和担保机构，结果，风险转移策略一出台，便促进住宅抵押贷款标准化。例如，房利美和房地美发行的证券虽然不被美国政府信用担保，但却具有政府暗示的担保，因此，在信用评级中都能获得最高的信用等级。权威机构的参与和担保，便意味着降低了违约风险，对于二级市场的运行起到了积极作用。美国政府的积极介入使美国房地产抵押二级市场制度不断健全，因此，债券发行犹如泰山压顶之势袭来，品种之多、规模之大，仅次于美国国债，成为美国第二大债券，为美国的住房信贷提供了充沛的资金。这使美国政府逐渐形成了通过"次贷证券化"

刺激经济的决策惯例，同时市场交易者们也形成了"次贷证券化"的交易决策惯例。在此期间，美联储使联邦基金利率从 6.5% 降至半个世纪以来的空前低水平，达到 1%，并且低利率在美国维持了很长一段时间。

金融市场的繁荣使政府形成了依赖次贷证券化刺激经济的非理性决策惯例。随着次级贷款市场规模的扩大，各地房价如雨后春笋上升，借款者、贷款者和投资者都被次级贷款市场的强大吸引力所惑。在利益诱惑下，银行放贷的积极性空前高涨。形势的发展极大刺激了部分贷款者、借款者以及投资者的盲目乐观情绪。因为抵押贷款经纪人可以在不承担任何信贷风险的情况下赚取手续费，同样是具有超强吸引力的。同时，各种投资机构纷纷介入，搭建起众多的"桥梁"，使贷款银行由卖方走向买方。金融市场的繁荣使政府形成了依赖次贷证券化刺激经济的非理性决策惯例。美国政府寄望靠房地产市场的发展来拉动经济增长，暗示有关信贷机构放宽贷款条件，这样就为次贷业务的发展和次贷衍生产品等高杠杆投资的实施创造了有利的条件。政府错误地扶持和纵容，促使大量产业资本开始涌向金融市场，以谋求相对更高的收益。产业资本的涌入使资本市场上的资金非常充沛，投资需求大增，尤其是对高收益债券的投资需求。政府沉醉于其政策的成功之中，不断放松金融监管。信用的扩张和流动性泛滥又助长了住房按揭贷款的风生水起、汹涌澎湃，房贷按揭业务被各类房贷公司、银行等金融机构争抢豪夺，竞争激烈，"潘多拉盒子"一经打开就不可遏制，一些潜伏危机，如过多的历史债务和不完善的收入证明等，也阻止不了金融机构向客户发放房贷。

次贷证券化高收益的诱惑使金融市场交易者逐渐形成了非理性决策惯例。华尔街的投资银行看到了大量的业务需求，开始介入和改变次级按揭证券化及其衍生产品的生产流程，它们创造了各种担保债务凭证（CDO）金融衍生品，最后创造的衍生产品可能根本搞不清对应的抵押资产是什么，这导致抵押资产的风险被层层掩盖，交易者购买的只是衍生产品的"新花样"，或者说购买的只是一种"新鲜感"，只是人们不能自知。这些不同的次贷证券衍生产品被交易者们认同，放贷金融机构和证券投资者被这种衍生品的高收益所吸引，他们对 CDO 衍生品的诱惑和信任使他们低估了其背后的风险，这意味着金融市场交易者逐渐形成了非理性决策惯例。CDO 等衍生品自身存在的结构性缺陷在房价变动时显露出来。当基础资产面临信用风险时，CDO 等衍生品都在同一份基础资产上衍生出的众多衍生证券将产生链条式反应，即当房屋贷款的因素如房价、利率等发生变动时，会不可避免地产生信用风险。事实上，CDO 等这种高度个性化的产品，通过场外交易市场（OTC）进行交易时，流动性是很差的。所有的交易模型都具有严重的依赖性，即依赖信用评级结果。所以，一旦评级结果出现误差，就会造成以此为基础的整个衍生品市场的系统风险。银行等机构运用高杠杆比率进行融资、对冲基金，在CDO 等交易中放大了风险，对于房价及利率等这些决定房屋贷款的因素，其交易头寸是处于极其敏感的临界点上的。一旦这些因素发生波动，就必将会产生一系列的连锁反应，而造成市场整体波动。交易机构的收益和损失都随杠杆比率的提高而放大。住宅抵押贷款债券及其衍生品的这种特点使次级贷款处在危机边缘，而金融系统的恶化最终引发了金融危机。

## 二、国际金融视域下的金融危机类型变异的案例分析

在国际金融视域下，金融危机可以划分为汇率制度危机、债务危机、货币危机以及系统性金融危机四种类型。非理性决策惯例遗传基因在行为主体认知模式变化和金融系统变化的双重作用下发生变异，产生了新的决策惯例，并逐渐转化为非理性决策惯例，最终诱致了新型的金融危机。按照时间次序，金融危机的类型发生了从汇率制度危机到债务危机、到货币危机再到系统性金融危机的变异。

### （一）美元危机案例分析

美元危机的过程实际上是布雷顿森林体系崩溃的过程。布雷顿森林体系的基本特征是"黄金—美元"本位制，即以黄金为基础，以美元为主要国际储备货币，并且两者直接挂钩。各国的中心汇率则是通过本国货币与美元含金量的对比而确定对美元的汇率，汇率波动幅度在正负1%

的范围，政府有义务干预汇率市场以维持固定汇率。从制度的角度看，各国都遵循着本国货币需要与美元挂钩，而美元又需要与黄金挂钩这一固定的汇率制度，即布雷顿森林体系运行规则。第二次世界大战结束时，美国拥有的黄金储备占当时世界总量的80%以上，成为最富有的国家，因而确立了以35美元兑换一盎司黄金作为固定汇率制度；并且在布雷顿森林会议上确立了把美元作为"硬通货"，在全世界流通。美国政府也逐渐形成了一种维护"黄金—美元"本位制的决策惯例。随着美国经济的高速发展，美国积累了资本主义世界绝大部分黄金，成为世界上经济实力最雄厚的国家，也是最大的债权国，使美元成为世界货币。但是，布雷顿森林体系是人为的借助黄金的力量而设计的固定汇率制度，这样美国可以通过超发货币来获取"铸币税"，终于美国政府从理性地维护"黄金—美元"本位制的决策惯例逐渐转化为超发美元的非理性决策惯例，即无节制地和过度地超发美元。诸如马歇尔计划（Marshall plan）以及各种军事和经济援助等一些渠道输出的大量美元，都是通过美元的超量发行实现的。美元被高估，已经充斥到各国的中央银行，但由于黄金产量并没有同比例地增加，美元的基础得不到保障，同时，美国的对外债务大大超过了其黄金储备，这就为布雷顿森林体系的崩溃埋下了"定时炸弹"。

　　20世纪60年代，随着德国、日本等国的经济复苏，美国产品竞争力逐渐下降，到1971年5月，其贸易顺差消失，并且第一次出现了自1893年以来的贸易逆差，其后，赤字规模不断扩大，其黄金储备大量流失，国内通货膨胀加剧。大量流入欧洲的美元开始贬值，成为不受欢迎的货币，美元开始出现信用危机。同时，美国的经济基本面出现惊天的逆转，市场上逐渐形成了对美国信用恐慌的非理性情绪，这种非理性情绪导致金融市场的紊乱，不断掀起抛售美元抢购黄金的浪潮。由于黄金储备量有限，耗尽的噩运日渐紧迫。维系布雷顿森林体系，挽救美元的国际信用，已使美国及其盟国、国际货币基金组织（IMF）等绞尽脑汁，不断采取措施，但铁的事实表明，美国难以维系布雷顿森林体系，最终，美国于1971年8月单方面宣布终止美元兑换黄金，也就是放弃了美元对黄金的固定比率，至此，布雷顿森林体系彻底瓦解。

布雷顿森林体系有其积极的作用，它可以使各国对外政策的协调基本上有章可循，因为它是政府间合作基础上的国际性固定汇率制度。但从制度弊端角度看，缺少监督机制，布雷顿森林体系瓦解的根本原因就是缺少对美元这一中心货币超量发行的非理性行为的监督，也缺少对这种非理性行为制约的相应机制，正是由于美元的超量发行，结果必然导致美元的危机以及布雷顿森林体系的崩溃。另外，固定汇率制度过于僵化，使国际社会不能够对美元非理性超量发行造成的国际收支"根本性失衡"进行及时调整。虽然布雷顿森林体系在制度设计上允许成员国及时调整汇率，但过于复杂的调整程序和美元的霸权地位这两个"拦路虎"，使国际社会进行及时调整的途径成为虚设，难以及时调整对美元汇率高估状况，这也是一种非理性行为，是一种人为制造的不能对自身体系进行纠错的霸权主义的非理性行为。由于在国际上不断积累的美元高估的状况，使得美元的实际价值与规定的含金量严重地背离，最终必然以危机的形式来化解矛盾，布雷顿森林体系也就必然被驱下历史舞台。

### （二）拉美债务危机案例分析

债务危机是金融危机的一种类型，是指在国际借贷领域中借贷者不顾自身的条件，或事后发生不可抗拒的变故，大额负债超过了自身的清偿能力，不能清还债务或出现不得不延期还债的情况。历史上出现的债务危机大多发生在发展中国家，由于历史的原因，发展中国家的政治、经济和文化诸方面发展滞后，国内金融市场、银行系统都不健全，这些国家一旦爆发债务危机，往往都会连锁地引起各种金融危机的集中爆发，如货币危机、银行危机等，导致经济严重衰退，甚至引发政治危机。20世纪80年代，拉美地区，包括墨西哥、巴西、阿根廷、委内瑞拉等国爆发了大范围的债务危机，这场债务危机使拉美国家的经济受到了剧烈冲击，包括恶性通货膨胀、失业率节节攀升、实际工资水平普遍下降以及主权货币大幅贬值和银行业损失惨重。按照"金融危机形成的演化分析范式"的理论逻辑，非理性决策惯例的转型会形成新的流行的非理性决策模式，进而有可能形成新型金融危机，而这种非理性决策惯例的转型机制受两方面因素的影响：行为主体认知模式的变化和金融系统的变化。在 20 世纪 80 年代的拉美债务危机中，上述两方面影响因素所导致的非理性决策惯例的转型起到了关键性作用。

第二次世界大战以后，拉美国家鼓励本国制造业发展，加强对外贸易，加大本国具有优势的、资源丰富的初级产品生产，因此，这些国家努力的结果是经济发展迅猛，尤其是在 20 世纪 50 年代中期到 60 年代，拉美国家的工业年均增长在 8% 以上，GDP 年均增长在 6.5%。仅十多年人均 GDP 就从 400 多美元提高到 1000 多美元，这就是被称为世界经济上的"拉美奇迹"[①]。它们在国际资本市场赢得了信誉，获得了外国银行的大量借款。为了更快地实现工业化，赶超发达国家，达到加速本国经济发展的目标，拉美国家以政府为代表的决策主体普遍选择了以举借外债来发展本国经济，造成了经济的虚假繁荣。经济上的成功假象使拉美国家逐渐形成了依赖外债发展经济的非理性决策惯例。20 世纪 70 年代以来，拉美国家为加快发展、繁荣经济吸收大量国际资本，其中以浮动利率贷款为主，这一浮动为后来经济政策的变化埋下了隐患。当初，借贷的贷款利率相对较低。1979 年，在美联储严厉的反通货膨胀政策下，美元的利率和价格都急剧上升。由于美国经济政策的急剧变化，1981 年全球经济转入衰退，严重地加重了拉美诸多国家的债务利率，正是"屋漏偏遭连夜雨"，不堪债务重负。以墨西哥为例，在 20 世纪 70 年代初期到 1982 年末，墨西哥的债务总额增长近 20 倍，从 50 亿美元激增至 876 亿美元，负债率为 53%，偿债率为 75%，远远超过了这些指标公认的临界点。另外，债务结构也在发生巨大变化，20 世纪 80 年代以后，拉美国家的商业银行贷款比重迅速上升，短期债务增加。这一变化充分说明了债务国的短期偿债压力增加，也意味着增加了国际资本流动对债务国的影响。

上述分析的是作为决策主体的拉美国家，这种分析视角把外资流动视为外部环境。基于这样的视角对拉美债务危机的前期形成进行分析具有一定的便利性。如果以国际资本流动的决策主体——国际投资者作为

---

① 刘力臻. 国际金融危机四重分析 [M]. 长春：东北师范大学出版社，2002.

行为决策的主体进行分析，那么拉美债务危机的前期形成则可以看作是外部环境变化——欧美地区的低利率所引致的行为决策主体认知模式的变化——资本流向拉美国家。事实的发展过程是，20世纪70年代经济陷入"滞涨"的欧美国家实施低利率财经政策，国际资本出于追求高额利润的本性，抓住欧美地区低利率的机会，将资本流向其他地区。布雷顿森林体系崩溃之后，建立浮动汇率制度和金融自由化走红，使流动的国际资本规模加剧膨大、频繁程度加快，恰逢拉美国家的依赖外债发展经济的非理性决策惯例需要注入大量的流动性，供需双方一拍即合。同时，基于这样的视角，当外部环境发生变化时，投资决策主体的认知模式会随环境的变化而变化，也逐渐形成了疯狂投机的非理性决策惯例，而这也是直接引爆拉美债务危机的原因。

天有不测风云。1979年，世界经济形势突然恶化，欧美国家为了吸引国际资本，相继采取紧缩政策，提高利率，吸引拉美国家的国际资本向欧美地区回流。在这一过程中，由于外部环境发生了变化——欧美国家利率提高，导致了国际资本流动的决策主体的认知模式发生了变化，致使国际资本从拉美国家回流至欧美国家。骤然的资本回流造成巨大的反响，借贷成本大幅度提高压得拉美国家经济喘不过气来，1982年，创出了21%的国际商贷利率的新高。据统计，拉美国家当时所欠的外债有3000多亿美元。[①] 其中由债务利息转化而来的约有40%。以墨西哥为例，其支付的外债本息在危机爆发期间约为674.14亿美元，而同期墨西哥石油出口额为616.9亿美元，新增国外贷款则仅为311.34亿美元。欧美国家采取的货币紧缩政策双重打击了拉美国家，不仅加剧了拉美地区的债务负担，还导致了资金从该地区大量流出，使这些国家入不敷出，从而导致债务危机的爆发。

### （三）亚洲金融危机案例分析

亚洲金融危机以1997年7月2日泰国宣布放弃固定汇率制、实行浮

---

① 世界银行、联合国拉美经济委员会。

动汇率制为起点。不久，这场金融危机迅速席卷了马来西亚、新加坡、日本、韩国和中国等地。此前经济急速发展的"亚洲奇迹"被无情打断。亚洲一些经济大国的经济开始衰退，呈现萧条景象，甚至影响一些国家的社会政治，政局也开始出现混乱。非理性决策惯例的转型机制在此次金融危机的形成与蔓延过程中发挥了重要的作用，沿用本章第一节第二部分的分析范式，1997年亚洲金融危机中的行为决策主体可以分为宏观层面的政府决策主体和微观层面的金融市场决策主体两类。

首先，是政府决策主体的非理性决策惯例转变导致的乐观情绪膨胀阶段。20世纪60年代中期以来，东亚各国的经济实现了长足发展，并形成了所谓的"亚洲奇迹"。但是，"亚洲奇迹"背后所体现的"东亚模式"的实质，是经济落后的发展中国家、地区及市场经济后发育国家，利用市场与政府二元机制优化组合的优势，实现对先进经济进行追赶的一种"赶超模式"，是特殊政治经济条件下的产物。第二次世界大战后初期，东亚地区因受长期的殖民统治和战争摧残，经济破败不堪，在"东亚模式"下，实现了东亚腾飞，创造了令人瞩目的"经济奇迹"。进入20世纪90年代，大多数亚洲国家尤其是东盟国家仍然依靠粗放型发展战略，靠大量投入廉价劳动力来发展简单加工业，未能及时调整产业结构，未能转换经济增长方式和适应经济全球化、金融自由化的发展，当国际市场对劳动密集型产品需求趋于饱和，东亚各国（地区）的钉住汇率制矛盾激化后，出口优势就不再有了，导致经常项目巨额赤字，外汇储备减少，最终带来金融风险。但是，无论是出于本国经济发展的客观需要还是从平衡国际收支的角度考虑，东亚各国都需要大量外资。诸国期望吸引外资的状况，给国际炒家提供了可乘之机。亚洲诸国在没有确立管控机制的情况下盲目扩大金融自由化，放松了资本管制。例如，泰国在1992年取消了对资本市场的管制之前，没有理顺本国金融体系、建立有效管控机制，使短期资金的流动畅通无阻，为外国投机者炒作泰铢提供了条件。

其次，在东亚经济高速发展的外部环境下，微观层面的投资者的非理性决策惯例也使大量的外资流向上述国家和地区，形成了金融泡沫形成的初始阶段和膨胀阶段。在这一阶段，东亚多数国家都出现了股市和楼市的快速膨胀，这从侧面反映出投资者的乐观情绪。

再次，外部冲击——以索罗斯为代表的国际游资的冲击加速了金融市场的理性回归阶段向非理性崩溃的初始阶段的转化以及进一步向金融市场非理性崩溃的扩散阶段的转化。市场情绪由过度乐观转为过度悲观，大量微观层面投资者的决策惯例发生转变，以泰铢为例，交易者的恐慌心理造成股市抛售以及银行和财务公司股票的波动，储户也加紧挤提泰铢存款。1997 年 5 月初，曼谷证交所指数从 1110 点跌破 600 点。5 月 14 日，泰国股价、汇价双双下跌，股市再跌 5.408%，在亚洲外汇市场上泰铢对美元的汇率下跌到 1 美元兑 26.35 泰铢，跌幅达 1.4%。

最后，政府决策主体的决策惯例发生转变，众多东亚国家和地区纷纷放弃钉住美元的汇率制度。事实上，从某种程度来讲，政府决策主体决策惯例的转型是在外部环境的压力下发生的。随着越来越多的东亚国家和地区放弃钉住美元的汇率制度，微观层面的投资者的市场恐慌情绪被进一步放大，东南亚国家、韩国、日本以及我国香港和台湾地区纷纷陷入汇价与股价的大幅度下跌。

1997 年 7 月 2 日，泰国宣布放弃实行了 14 年的钉住美元浮动的汇率制并制定新的财政政策，财政部与中央银行还发表联合声明以示推行。7 月 11 日，菲律宾中央银行在用 10 亿美元支撑比索失败后，宣布放弃保卫比索的努力，当日比索兑美元汇价下跌 11%，股市跳空大涨，涨幅达 7.7%，股指上扬 198.99 点，报收于 2701.14 点，其汇价和股价的走势同泰国 7 月 2 日的模式如出一辙。7 月 14 日，马来西亚中央银行在付出 30 亿美元和提高利率 50% 的代价后，仍然没能稳住林吉特的汇价，被迫宣布放弃对林吉特的保卫，林吉特对美元的汇价创 38 个月最低点，连一向强势的新加坡元也跌到 31 个月以来的最低点。直到 8 月 14 日前，印度尼西亚的中央银行都在干预外汇市场，以阻止泰铢、菲律宾比索和马来西亚林吉特贬值风潮对印度尼西亚盾的冲击，但至 8 月 14 日，印度尼西亚央行废止干预交易的束缚，实际上是印度尼西亚盾自由浮动合法化。

政府决策主体的决策惯例发生转变——放弃钉住美元的汇率制度导

致东南亚各国货币大范围、大幅度地贬值，并且在汇市—股市的联动机制下，各国股市也出现了暴跌，最终形成了影响深远的亚洲金融危机。但是，在此次亚洲金融危机中，政府决策主体放弃钉住美元的汇率制度这一决策惯例的转变是外部环境变化的必然结果——在外汇储备消耗殆尽的情况下，钉住美元的汇率制度难以为继。

## （四）2007 年美国次贷危机案例分析

2007 年美国次贷危机是系统性金融危机，非理性决策惯例扩散到金融系统的各个层面，金融系统各个层面的决策惯例都发生着新的变化。危机爆发前，人们都相信，金融机构会出于本能规避致命风险，而政府监管也会阻碍金融创新。可事实是，在金融投机疯狂的时候，很多的金融机构竞相参与，而金融机构由于资金不足频繁地参与短期融资和加杠杆，由此就承担了太多的风险。许多金融机构为抢到投机的"一杯羹"不切实际地做大公司的规模，草率地进行整合，给公司的管理造成了诸多问题，给公司的正常有序运营带来巨大的挑战。美国的花旗集团就是一个典型的例子，2005～2007 年，其资产证券化部门就已发现贷款违约率上升，由 2% 升至 6%，便减少了购买抵押贷款；可是其担保债券部门（the CDO Desk）却误判为市场低迷，这样一来反而增加了抵押贷款购买。由此可见，该集团内部决策的不一致管理等问题，暴露了上层领导在治理这一庞大机构上的缺陷。

不仅如此，贷款方明知借款人无还贷能力，反而知过而为之，明知此类贷款会给投资者带来巨大的损失，却依旧放贷。2004 年 9 月，一些金融公司的高管就察觉到，公司发放的贷款没有偿还能力，公司将会蒙受巨大的损失。一年内他们再次发现，一旦一些高风险贷款违约，不仅会给公司带来财务风险，导致资本变成大量的不良资产，也会使公司的声誉受到巨大的影响，但他们却没有"刹车"。

华尔街高管薪酬机制很不合理，高得离奇。这些缺乏远见的薪酬机制，鼓励了不计后果的"挣快钱"的行为。例如，贝尔斯登对高管采取一半现金、一半股票的薪酬支付形式。其期权计划更利于高管，即股价上涨时可以获得超高的收益，而股价下跌时的损失却是微乎其微，结果催生他们的"拜金豪赌"。2000～2008年的8年间，贝尔斯登的5位高管便从公司拿走了高达14亿美元的薪酬，远远地超过了美国证监会（SEC）的年财政预算。

信用评级机构成为"有毒证券"在市场上畅通无阻的幕后推手。例如，2010年，美国只有6家非公共部门企业获AAA评级。而2002～2007年5年间，穆迪公司把45000只抵押证券评为AAA。这种现象的背后说明，信用评级行业引入一般市场原则，必然会刺激评级机构放弃理性、放弃标准，而疯狂追求利益最大化，甚至不惜一切把评级级别作为竞争手段，评级已经失去其本身的意义，导致市场进入无序状态。

2007年，美国五大投行，其平均杠杆率约为40.3%的资产损失就会使这些投资银行不复存在。而堪称"杠杆之王"（king of leverage）的房地美和房利美，其杠杆比率高达75%。更糟糕的是，五大投行的借款多数来自隔夜拆借市场。2007年末，拥有所有者权益118亿美元而其负债却达到3836亿美元的贝尔斯登，在隔夜拆借市场上的借款竟高达700亿美元。同时，在"房地产价格将持续上涨""市场利率不会大幅上升"的预期下，各类金融机构和住房购买者不断举债，都想以最少的资本获取最大的利益。例如，美国家庭抵押贷款的负债就由2000年的4490.6亿美元上升至2007年的10145.9亿美元，超过了往年的水平。市场主体巨额负债，又持有大量的高风险抵押贷款以及相关证券衍生品，这些衍生品在同一证券上的反复"下注"，使风险不断集中，而这些证券衍生品的畅销使风险在金融体系内迅速扩散。这些风险不仅在金融体系内迅速扩散，也扩散至私人部门。危机形成后，贷款的断供以及违约率的上升给金融市场带来了极大震荡。

如果市场缺乏透明度，就会不断放大负债的危险。更为严重的是，不少公司选择以"做假账"的方式，在财务报表中掩盖金融衍生品，过度使用表外业务。影子银行系统中则监管"真空"，重要市场交易也不透明。当抵押贷款市场和房地产市场崩盘之时，在高风险投资、过度借贷、缺乏透明度的多重因素综合作用下，市场便陷入了深深的危机恐慌，并最终导致了金融危机。

## 第三节 择优进化因素诱致的金融危机救助、纠错和防范的案例分析

### 一、择优进化因素诱致的金融危机救助及纠错案例分析

金融市场同生物界一样，也是遵循着"物竞天择、适者生存"的自然选择机制。行为主体的决策惯例来源于金融系统，并在与金融系统的相互作用下不断转型。在不同的时间和空间范畴内，金融系统中的不同方面对行为主体的影响力不同。行为主体在特定的金融系统中进行决策，不同的金融系统衍生出不同的决策惯例。金融危机的择优进化机制实质上是社会意义上的决策惯例的择优进化机制，那些适应金融系统的决策惯例容易在生存竞争中获胜，得以传承和流行；反之，那些不适应金融系统的决策惯例将以金融危机的形式被淘汰。由于金融系统是多种多样的，因此，决策惯例适应金融系统的方式也是多种多样的，经过自然选择也就形成了决策惯例的多样性。它们之间的相互作用创造出更加丰富的决策惯例，进而使各种金融活动更加丰富和多样，金融活动的丰富和多样性使金融市场保持了一定的稳定性。

### （一）僵化的自由放任型决策惯例被"大萧条"淘汰诱致了政府干预的经济政策

"大萧条"的发生使人们意识到自由放任的决策惯例并不能纠正市场的错误，在市场繁荣时期，市场的各方面参与者都形成了非理性决策惯例，自由放任的市场机制并不能灵活地进行自我调节。人们普遍对自由放任的市场经济产生质疑，并要求政府采取积极的干预措施。凯恩斯从总需求管理的角度提出了通过适当的宏观经济政策来干预经济体系，只有这样才能解决危机造成的不良影响，才能使宏观经济回归到平稳健康

的发展轨道上。1933 年 3 月罗斯福推行了"新政",进行救市。所谓"罗斯福新政"是以凯恩斯的思想为基础,首先,颁布《紧急银行法》,金融业是国家经济结构中的核心支柱,应予以优先保护。通过执行《紧急银行法》遏制居民蜂拥挤兑银行的状况,危机得到缓解;同时政府通过财政部拨数亿资金来救助银行,使许多大银行拔身危机于泥潭。其次,金融机构的信誉是非常重要的,必须得到居民与储户的信任,为此,政府颁布了《存款保险法》,明确政府给银行担保,经过政府的积极努力逐步恢复了金融秩序。为了进一步刺激经济发展,罗斯福政府从财政政策切入,着手制定、颁布一系列积极的财政政策,诸如成立了农业和工业振兴的专门机构,强力要求政府工程必须雇佣失业工人,实现了以工代赈。同时,罗斯福又在减税方面实施了大幅度的措施,切中时弊的减税措施对复苏经济起到重要作用,迅速扭转了经济萧条带来的不利局面。适时实施货币扩张性政策同样是解决当时经济危机的有效策略。回顾经济危机之初,政府按传统惯例维持金本位制度,胡佛总统执政期间,为规避经济危机的发展,政府采取了货币紧缩政策。四年之中,由于紧缩银根,M1 下降了 25%,信贷规模下降了 3 成。其后,信贷规模低迷一直延续一年多。紧缩的货币政策滞后了经济复苏,使金融市场的恐慌和震荡的程度越演越烈。

1933 年罗斯福上台后坚决采用大规模扩张性的货币政策,导致了大量的货币供应,仅仅 4 年时间,美国货币供应量增长了近 42%。市场流动性获得改善,一定程度缓解了金融市场的融资压力,资金配置的效率提高了,从而为美国走出大萧条,经济复苏奠定了基础。

"罗斯福新政"无疑是一次成功的救市典范,比其他各国的救助危机的措施和手段技高一筹,是最为系统、全面、得力的。显著表现在颁布与执行的货币政策、财政政策相互补充、相互配合、构思缜密、相得益彰。另外,政府新法案颁布的同时设立了与之配套的执行机构和相应的专业救助机构,相辅相成地推进救市工程。1934 年以后,由于措施得力,美国 GDP 指标有所好转,增长率由负转正,私人投资有所增加,个人消费支出等明显加大,经济逐步摆脱危机的"羁绊",走出危机的阴影，一举摆脱了持续数年的经济大萧条。具体标识如，在半年之中标准普尔 500 指数累计上涨了 66%；失业人数大幅度减少，与 1933 年初相比减少了 400 万人；银行、保险公司等逐渐摆脱危机的困扰，逐渐走出困境。

**（二）僵化的政府干预型决策惯例被"滞涨"危机淘汰，诱致了新自由主义经济政策**

僵化的政府干预型非理性决策惯例最终诱致了 20 世纪 70 年代美国的"滞涨"危机，人们普遍对政府干预的经济政策产生质疑，并要求政府减少政府干预。供给学派、货币主义等新自由主义思想为解决这一问题提供了理论依据。

1980 年美国总统罗纳德·里根执政后，供给学派的经济学理论得到重视，政府推行了以供给学派的思想为基础的经济改革，这就是所谓的"里根经济学"。当时经济情况表现为严重的"滞涨"，很多人将这一危机归咎于国家干预主义，所以，里根总统从减少政府干预为主要内容进行经济、社会改革。里根总统在演说中曾说："就目前的经济危机而言，政府不能解决我们的问题，政府本身就是问题。"为减少政府对经济的干预，里根政府大力宣扬市场化、自由化和私有化，被称为里根经济学的"三化"思想，里根经济学否定政府干预经济，实施市场自由竞争，用以推行经济改革方案。

1981 年 2 月，美国国会通过了里根政府提交的《美国经济新开端》的经济复兴计划书，该计划书是里根政府走出经济危机、振兴美国经济的重要文件之一。根据该计划进行改革税收、放宽企业管理制度、改善货币供应等。里根的新经济政策明显以供给派经济学说为基础，对供给领域的经济政策侧重进行调节。例如，为企业减税来降低生产成本，透过降低成本来稳定物价，物价的稳定与降低带动消费市场，如此连锁地通过消费来拉动需求，需求增加繁荣了市场，必然增加就业和投资，让经济运行进入良性循环。

1981 年 2 月 17 日，开始进行对工商企业活动管理规章制度方面的改革。为此，里根政府发布了包括五条重要原则的行政命令，称为第 12291 号令，并对所有政府机构已经制定但尚未实行的条例暂缓实行，进行复审，检查其合理性和缜密性。行政管理和预算局在 1981 ~ 1983 年对 6701 项拟议中的新规章制度进行严格审查与复核，其中 760 多项被修订或被发回原主管单位复议，可见政府的决心与执行的稳妥。

美国政府认识到，为放松对经济活动的监管，仅在本领域内制定制度、政策文件和措施不行，执行必须得到法律层面的支持，为此，同时又制定了相应的法律文件，使经济改革得到法律层面的保证。并敦促国会通过了对若干条相关法律的修正案：里根政府认为，垄断资本和跨国公司等企业的发展受反托拉斯法束缚，于是放宽反托拉斯法对企业的管制，如此也减少了联邦政府的管理负担，减少了开支。例如，IBM 和美国电话电器公司的垄断诉讼案，历经十年、耗资数亿美元，于 1982 年就此了结，并对其跨行业经营这一重大变革也予以特许。里根政府还认为应该放宽金融机构的监管，并颁布了《加恩—圣杰曼存款机构法》，此法是第二次世界大战后美国最重要的金融立法之一，其于 1982 年得以通过。该机构法解放了小储蓄协会从事商业贷款和商业租赁业务的生存空间，改变了其只靠抵押贷款生存的局面。小额储蓄机构的筹资手段得到扩展之后，相应扩大了金融机构的营业范围和筹资渠道，货币市场存款账户不再受任何利息率限制，会使更多的金融企业参与金融竞争，加强了金融业的竞争。政策实施后，3670 亿美元存款在半年内进入了市场，这为储蓄机构和储蓄者都带来可观的收益，同时创造了社会巨额资金流动性。政府干预经济的职能削弱了，政府放开了对汽车工业、石油价格、金融机构的管制，取消产品监管制。这些措施实施的效果显著，企业经营成本得到降低，消费者或消费团体的开支和成本也大大降低。政府撤销了石油和汽油价格管制，鼓舞了石油企业生产的积极性，不但增加了石油产量，并进而影响、促使油价的下降。

里根经济学对美国经济的复苏起到了较强的作用，里根经济学的实质是用供给学派的理论制定摆脱经济停滞的政策，用货币主义的理论制定抑制通货膨胀政策，并因时制宜地进行政策重点调整。里根初进白宫之时，工作重心以控制货币供给量为主，成功获得抑制通货膨胀的显著效果；在第二任期内，里根政府工作重心是税制改革，希望通过税制改革以实现"美国的再造"。里根政府在经济领域改革的积极作用逐渐发挥出来。里根政府的变革获得政治上和经济上的成功，企业活力得到增强，"滞胀"困境得到解脱，在长达92个月的时间内，美国经济在较低的通货膨胀情况下实现了稳定的增长，创下战后和平时期美国经济增长时间最长的纪录。这些经济成果奠定了"新经济起飞"良好的经济基础。

### （三）拉美债务危机淘汰了僵化的固定汇率型决策惯例，诱致了汇率自由化

僵化的固定汇率制度使拉美国家付出了惨痛的代价，使它总处于强势美元的阴影下，多次的金融危机使拉美国家意识到固定汇率制度的不适合。20世纪80年代，出现拉美债务危机，墨西哥首当其冲，出现偿债困难的局面。在此背景下，墨西哥政府调整了汇率制度，并实行比索货币的自由兑换，完成了由固定汇率制度向浮动汇率制度的转变，逐渐放松资本项目的管制。一系列的应对方案起到了积极作用。1987年之前，比索与美元的汇率基本稳定，在1987年12月，墨西哥比索对美元贬值高达22%，导致墨西哥固定汇率制度消亡。1988年，比索的实际汇率又上升28%，汇率太过剧烈频繁的变动会危及国家经济，于是墨西哥政府限制本币兑美元的汇率，即每天最多有0.0002的变动比率。墨西哥政府进行经济改革，实施了汇率自由化和贸易自由化，变革的成果显著，企业增加了国际贸易竞争力，产品成本也得到了降低，积极有效地抑制了经济危机中的高通胀率。

同时，墨西哥政府加强价格体系的改革，努力通过改革来稳定经济各领域的价格水平；实施紧缩的财政政策和货币政策，通过以上各种措施来降低通货膨胀和财政赤字。物价稳定计划实施之后，1987~1993年六年中，通货膨胀率由危机中的159%下降到8%。这表明墨西哥当时已逐渐走出债务危机的"阴霾"，呈现出经济逐步稳定的局面，说明采取财政政策和经济改革措施进行救市的成功。

**（四）固定汇率的决策惯例被亚洲金融危机淘汰，诱致了有管理的浮动汇率**

僵化的固定汇率制度也使亚洲国家付出了惨痛的代价，这些国家意识到固定汇率制度的不适合，纷纷放弃固定汇率制度，转而选择了有管理的浮动汇率。

韩国政府采取果断措施处置银行不良资产，避免传染，确保银行业整体的健康运营。为了协调解决企业和企业间的债务负担与纠纷，马来西亚政府成立了"企业债务委员会"，为了帮助金融企业规避危机，向缺乏流动性的银行注入资金，向国内经济注入了约合 19.8 亿美元的汽油补贴。泰国政府有针对性地面对经济危机，采取了许多旨在稳定金融的有力措施。例如，为防止大量资金外流，阻止储户将存款提取后移流国外，财政部颁布了为银行担保的政策，规定银行存款的无限担保日期从 2009 年 8 月延长到 2011 年 8 月。另外，泰国政府联合亚洲各国，携手各拿出一部分外汇储备联合救市。之后，泰国的经济衰退得到一定程度上的减轻。但是泰国的外汇储备毕竟有限，难以抵住强大的国际投机者的游资，在其强力冲击下，导致外汇储备迅速"枯竭"。泰国政府在无奈的情况下，采取有管理的浮动汇率制，加强对汇率的管制，减少危机中的损失，并于 1997 年 8 月 6 日向 IMF 正式申请，寻求帮助并无奈地接受其非常苛刻的附加条件。

**（五）政府扶持的次贷证券化决策惯例被次贷危机淘汰诱致了灵活政策的创新**

政府扶持次贷证券化的决策惯例被次贷危机淘汰，使政府意识到政府和市场存在同时失灵的情况，政府需要在干预经济方面采取更为灵活的政策，即产生的创新政策必须具有灵活性。

**1. 美国在货币政策上的创新**

美国政府为制约次贷危机的蔓延，决定向市场注入流动性。2007 年 8 月 9 日，美联储决定向市场传递明确遏制危机恶化的信号，以公开市场业务操作方式，向银行间市场投放了大规模的流动性。在传统的货币政策失灵前提下，为了加大救助的有效性，美联储创造出了新的救助手段。

2007 年 12 月 17 日，美联储创造了新的短期标售工具（TAF）。

2008 年 3 月 11 日，推出定期证券借贷工具（TSLF）。

2008 年 3 月 17 日，推出一级交易商信贷工具（PDCF）和商业票据融资工具（CPFF）。

美国的商业银行、大型企业与各州政府的票据发行者在以上救市措施出台后获得了流动性支持，各项如期登台的非常规救助措施也充分发挥了作用。

例如，政府引导开展国际合作，联手其他国家央行协作救市。欧洲中央银行、英格兰银行、日本银行等参与了联合救助行动，并通过公开市场业务向市场注入流动性；对非银行金融机构开放贴现窗口也是非常规救助措施之一，此举措是美国自"大萧条"以来，美联储首次特例开放贴现窗口，并承诺对非银行金融机构直接提供贷款。例如，贝尔斯登公司发生无力偿付债务危机后，由美联储提供担保，以贝尔斯登流动性最差的 300 亿美元资产作为抵押，协商 J. P. 摩根集团公司承诺提供相同金额的融资，终于促使一家商业机构收购了贝尔斯登及直接救助有问题的金融机构。例如，美国国际集团（AIG）是美国最大的保险集团公司，于 2008 年 9 月 15 日被下调信用评级。9 月 16 日，美联储马上就给 AIG 提供 850 亿美元抵押贷款。2008 年 10 月 8 日，美联储再次以 AIG 的投资级固定收益债券为抵押品，为其提供了 378 亿美元的贷款。破天荒地对准备金支付利息。美联储从来不向商业银行的法定存款准备金支付利息，作为救市举措，2008 年 10 月 6 日，美联储宣布对商业银行的超额存款准备金和法定存款准备金都支付利息，此措施的施行增加了商业银行的流动性。突破历史纪录的宽松的货币政策。美联储通过不断降息释放银根，降息达到或接近零利率后，又通过购买中长期债券与美国国债，增加基础货币数量，这一非常规性的宽松货币政策开创了美国货币政策的里程碑。为了强化向市场释放流动性，2008 年 3 月 18 日，美联储进一步降低利息后，一次性购买了 3000 亿美元的国债。

### 2. 美国在财政政策上的创新

2008 年 1 月 24 日，美国国会正式推出经济刺激计划，金额为 1500 亿美元。美联储与财政部宣布联合实施救助，救助房地美和房利美（以下简称"两房"）的金额为 3000 亿美元。2008 年 9 月 7 日，为缓和"两房"面临的危机，财政部与"两房"签署了高级优先股购买计划。2008 年 10 月 2 日，救助方案在美国参议院获得通过，救助总额增加了 1500 亿美元，从原来的 7000 亿美元提高到了 8500 亿美元。

小布什政府指示财政部制订处理资产损失的计划，使出现资金危机问题的金融机构获得政府提供的资产损失保险金。小布什政府还签署颁布了《2008 年紧急经济稳定法案》。为监督法案实施，专门成立了金融稳定委员会，代政府行使职权保障，促进金融市场稳定。

2009 年 1 月，奥巴马上台后又推出了新的经济刺激计划，金额高达 7870 亿美元，同时签署了《2009 年美国复苏和再投资法案》。随着推出第四轮量化宽松货币政策（QE）之后，六年来，次贷危机逐步向好的方面转化，到 2012 年 9 月份，道琼斯工业指数已触底回升，恢复到次贷危机前的水平。与货币政策不同，美国财政政策是由联邦政府和国会共同制定的，在危机中，它的优异作用主要体现在以下三个方面：其一是以长远战略眼光安排联邦预算，起到促进经济稳定和增长的作用；其二是在紧缩和宽松之间科学地寻找到了平衡点；其三是找准了救市与解除次贷危机的重点，即放在投资基础研究、促进就业和提高工作技能等方面，由于措施得力，执行坚决，从而刺激了私有资本的形成和发展，由于政府强调、加大了对公共设施的投资，保持了经济发展的后劲。

## 二、择优进化因素诱致的金融危机防范案例分析

动态的金融危机的防范机制，是在金融危机演化过程中形成并不断实现自我优化的，它本质上也是决策惯例这种遗传基因的进化选择过程。在这一过程中，适应金融系统的决策惯例得以留存——表现为适应金融系统的决策惯例得以传承和流行；不适应金融系统的决策惯例被淘汰——表

现为决策惯例在金融危机的洗礼中被淘汰。

　　本部分的案例分析以 20 世纪二三十年代的"大萧条"为起点，探讨金融危机防范机制如何通过决策惯例的择优选择过程实现自我优化。早在"大萧条"之前的 19 世纪，中央银行制度就已经普遍确立了。但是这个阶段在自由资本主义思潮的影响下，金融自由化盛行，市场的缺陷不被认识，人们深深地相信并遵循于"看不见的手"的力量这种决策惯例，此时期以中央银行制度为代表的金融监管机制很不完善，仅注重实施货币对策和防止银行挤兑层面不足以管控，现在看来，理论基础和操作工具都很欠缺。

　　20 世纪二三十年代的"大萧条"所引发的全球性经济危机暴露出自由放任的市场经济的缺陷，"市场是绝对有效的"这一认知被"大萧条"的客观现实所打破。凯恩斯的宏观经济理论在西方经济对策中占据了支配地位，政府干预的决策惯例被社会选择，遵循于这种决策惯例，金融危机防范机制逐渐形成。"大萧条"使各国政府建立起完备的金融监管体系，对银行实施资本充足率、贷款集中度等方面的监管措施。另外，"大萧条"之后，金融业由混业经营转变为分业经营，监管模式由混业监管转变为分业监管，以弥补监管不足。金融监管从单纯以法律约束的金融管制延伸，多方位入手，逐步转变为手段丰富的全面金融管制。金融监管目标明确，即维护金融业的安全、稳定，防止杜绝金融体系崩溃。中央银行的职能从传统的货币管制转化为货币对策的制定、执行，政府对金融的直接管制倾向加重。该时期的金融监管理论基础表现出对市场的认识尚不完全，对市场失灵的处理原则、研究的出发点和主要内容主要以弥补金融市场的不完全、维护金融体系安全为主体。

　　"滞胀"危机在 20 世纪 70 年代困扰西方国家经济，政府干预的凯恩斯主义指导思想受挫，由于过分强调了维护金融体系的安全与稳定，而忽视了金融效率问题，人们逐步认识到其对经济的危害。面对显著发生变化的世界金融市场，人们开始关注维护金融创新问题。1973 年，肖（Shaw）和麦金农（Mckinnon）分别批评了新古典学派的货币理论，认为政府对于利率的管制过度，抑制了经济的增长，提出了放松对利率的监管，以进行"金融深化"。在这个时期，展开了世界范围的金融自由化运动，选择了金融自由化的决策惯例，兴起金融自由化的理念。20 世纪 70 年代，布雷顿森林体系的汇率制崩溃后，在金融领域激烈的竞争中，银行业选择金融创新来维持生存发展，规避法律的监管。就是在这样的大背景下，1975 年《巴塞尔协议》签订了，这一协议是西方十国集团在联合监管和监管标准上达成共识的基础上签订的，其意义是不仅承认银行风险存在的始终性，而且提出了鼓励公平竞争要有前提，这个前提就是银行风险必须保证在可控的状态；并且要防止银行的个别风险成为金融系统风险的"导火线"。在这一阶段，"微观审慎监管"成为金融危机防范的决策者的主要指导思想。

金融自由化思潮的兴起还直接引起了金融业经营方式的转变，自 20 世纪二三十年代"大萧条"以来奉行了五十多年的金融业分业经营理念受到冲击，金融业混业经营的呼声不断提高。最终在 20 世纪 80 年代和 90 年代，西方主要的发达国家确立了金融业混业经营管理（见表 5.4）。

表 5.4　　　　　　　　　　　国外金融业混业经营模式发展历程

| 时段 | 美国 | 英国 | 日本 | 加拿大 | 德国 | 瑞士 | 荷兰 | 意大利 |
|------|------|------|------|--------|------|------|------|--------|
| 过去 | 分业 | 分业 | 分业 | 分业 | 混业 | 混业 | 混业 | 分业 |
| 现在 | 混业（1999 年） | 混业（1986 年） | 混业（1996 年） | 混业（1987 年） | 混业 | 混业（保险分开） | 混业 | 分业 |

资料来源：笔者根据国务院发展研究中心信息网世界经济数据库整理。

20 世纪 90 年代开始，政府和企业更多关注保证金融体系的安全性和防范系统风险来防备金融危机频发。1997 年的亚洲金融危机给人们留下了深刻的教训，尤其是对于持金融自由化惯性思维的人们，受到了沉重的一击。在对东亚经济的分析中赫尔曼（Hellmann）、穆尔多克（Murdock）、斯蒂格里茨（Sliglitz）等经济学家不仅指出瓦尔拉斯均衡难以实现的现实，还指出了更重要的问题，即逆向选择、道德风险以及信息严重不对称的要害，是发展中国家普遍存在的问题。经济学家普遍达成的共识是，危机的原因是过早、过度地进行资本开放。所谓过早、过度是针对宏观经济不稳定、金融体系不健全而言。继而，经济学家指出，金融监管体系的建立，必须更为广泛，以完善市场机制，突出内部控制，加强风险管理。而决策主体也必须尊重市场的调节和金融体系的效率，从更为宏观的角度来进行监管，从而实现金融危机的防范。

事实上，1997 年的亚洲金融危机之后，就有人提出宏观审慎监管的思想，但是这一思想并没有在当时受到重视。2007 年美国次贷危机之后，宏观审慎的监管真正成为金融危机防范的流行决策惯例。美国次贷危机暴露了美国金融监管存在的多方面问题，包括监管发展滞后、监管重叠缺位等。从 2008 年以来美国政府提出了三份金融监管改革法案，分别是《现代金融监管构架改革蓝图》《金融监管改革框架》《金融监管改革新基础》；并于 2010 年 7 月又颁布了几乎触及美国最大型金融公司各个方面的《多德—弗兰克华尔街改革和消费者保护法案》，这一法案所制定的新规则涉及风险交易、衍生品、消费信贷、高管薪酬甚至借记卡业务等许多方面，是自罗斯福新政成立后建立的现代化金融监管体系的首次大变革，是一个里程碑式的法案，是美国金融监管体系在防范系统性金融风险上重大改变的一个标志。

2010 年，美国颁布了《美国金融监管改革法案》，这个法案赋予了美联储更大的权力，使美联储能够对所有的大金融机构"更严格、更持续"地进行监管，尤其是对一类金融控股公司的并表监管有着重要意义。因为一类金融控股公司倒闭后会对金融稳定构成威胁；另一类金融控股公司的母公司和子公司，无论它们是否受到规制，也被扩进监管范围。不仅如此，还把保险公司、对冲基金等一些非银行金融机构也纳入美联储的监管范围，由此可见美联储的监管范围之广。法案取消了证券交易委员会的联合监管计划。其原来对投资银行控股公司行使监管的权利，也被美联储所接替。修订了美联储紧急贷款的权利，增强了美联储的危机反应能力。该法案规定了金融机构的风险责任，采纳了"沃尔克规则"。为了遏制金融机构过度投机，对金融衍生品的交易作出了限制，将其移入了交易所和清算中心，把高风险衍生品剥离到特定的子公司，对从事衍生品交易的公司提出了一些监管要求，这些监管要求包括职业操守、保证金、交易记录、实施特别的资本比例等。

## 第六章

# 研究结论与对策建议

第一节　研究结论

### 一、人类的非理性决策模式是诱致金融危机形成的重要因素

2009 年，美国金融危机调查委员会（FCIC）公布了《金融危机调查报告》[①]（以下简称《报告》），《报告》认为，人性的贪婪和狂妄是人性的弱点，仅将金融危机归咎于此过于简单化，是缺乏对人性弱点的问责机制促成了危机。另外，这场危机是人类的过失、错误判断和不当行为造成的。必须将金融危机的各种原因置于人性、个人及社会责任的大背景中综合予以考量。

2010 年，莱茵哈特和罗格夫撰写了《这次不一样——八百年金融危机史》[②]。作者将历史上金融危机的原因归结到人的本性，人们总是过于乐观，认为错误不容易再犯，一旦历史重演，就去寻找新的借口。然而，人们的贪婪与破坏性的原动力总会在一个时期后突破理性的控制，能量

---

[①]　美国金融危机调查委员会.金融危机调查报告［M］.北京：中信出版社，2012.

[②]　莱茵哈特，罗格夫著.这次不一样——八百年金融危机史（珍藏版）［M］.綦相，刘晓锋，刘丽娜，译.北京：机械工业出版社，2012：3，6.

在破坏性地释放之后，才会回归于相对的宁静与繁荣。

根据马克思经济学原理，现实的人既是经济活动的前提又是经济活动的结果。行为主体的决策模式是现实人的意志的客观表现，因此行为主体决策模式既是经济活动的前提也是经济活动的结果，行为主体决策模式可以看作是人类经济和金融活动的"基因"。这也符合现代主流经济理论将"理性人"的追求利益最大化的决策模式作为经济分析的起点。但是，追求利益最大化的决策模式并不是行为主体决策模式的真实反映，双系统决策模式才是行为主体决策模式的真实反映，基于双系统决策模式进行的经济分析才更能反映经济规律。

神经科学的实证研究很好地证明了双系统决策模式的存在。现实的行为主体有直觉系统和慎思系统两个决策系统，直觉系统是直觉的、下意识的、固化的、情绪化的、自动的、自主控制的、快速的；慎思系统是慎思的、有意识的、灵活的、非情绪化的、基于规则的、可控制的、慢速的。当直觉系统与慎思系统合作时，行为主体的决策和行为是理性的；当直觉系统战胜慎思系统时，行为主体的决策和行为是非理性的。一般来讲，当环境是不确定性的或者时间压力小的时候，直觉系统会与慎思系统合作；当环境是确定性的或者时间压力大的时候，直觉系统会战胜慎思系统。

当金融系统环境是不确定性的或者是时间压力小的时候，直觉系统与慎思系统是合作的，慎思系统总会监控直觉系统的决策，并对直觉系统的决策进行选择和纠正，此时，金融系统处于正常的运行状态。由于（自我）意识总是遵从现实，所以慎思系统类似于自然选择的功能，金融系统能够处于理性的运行状态中。

当金融系统环境是确定性的或者是时间压力大的时候，直觉系统会战胜慎思系统，慎思系统不发挥作用，此时，金融系统处于金融危机的形成过程中。由于直觉系统失去慎思系统理性的学习和思考，因此直觉系统感受不到理性和逻辑，只能感受到情绪，表现的也是下意识的、自动化的情绪。市场完全受情绪控制，行为主体的行为表现为"羊群效应"、聚堆效应等。情绪化的市场只能靠情绪来纠正，高涨的情绪只有恐惧的情绪来纠正，理性的干预都很难起作用，这是"市场（理性）失灵"和"政府（理性）失灵"的一个重要原因。因此，市场表现为情绪化的、非理性的大涨和大落，情绪化的市场最终只能靠情绪的自然起落来纠正。人类的非理性决策模式是诱致金融危机形成的重要因素，非理性决策模式可以看作是金融危机形成的"基因"。

在情绪的自然起落过程中，在所难免地"错杀"了众多优质的资产和机构，破坏了正常的金融秩序，打击了理性投资者的信心。在非理性的决策模式被自然淘汰的过程中，理性决策模式也被错杀，让理性投资者无所适从。在金融危机的形成过程中，无论是自由放任的市场经济制度还是政府干预的市场经济制度都没能保护理性行为主体和生产者的正当利益，这是金融危机的最大危害性，也是金融和经济难以恢复的根本原因。所以，激励理性的、公平的制度，约束非理性、破坏公平的制度是避免金融危机危害性的根本措施。

## 二、非理性决策模式的生物性特征决定了金融危机是不可避免的

双系统决策模式是生物性质的，神经科学的实证研究很好地证明了双系统决策模式的存在。非理性决策模式来自不受慎思系统控制的直觉系统，由于直觉系统是生物性质的，因此，非理性决策模式也是生物性质的。生物性质的演化是一个极其漫长的过程，因此，非理性决策模式的生物性遗传决定了金融危机形成的基因会世代传承下去。不管经济状况有多么好、不管制度多么的公平和严格，都无法完全控制非理性决策模式的出现。正像莱因哈特（Reinhart）所说"历史的教训是，尽管制度和政策制定者都得到改善，但是通常也会存在走向极端的诱惑。正如个人不管一开始多么富有都可能面临破产一样，不论监管看起来多好，金融体系在面临贪婪、政治和利润压力时也可能出现崩盘"。又像金德尔伯格（Kindleberger）所说"但我仍认为即使实施了最佳政策也还会存在大量问题，即使在长期中，金融体系存在着足够的流动性，仍然会发生危机"。只要产生适合非理性决策模式出现的金融系统，如确定性的"成功预

期"或者预期资产价格快速上涨的时间压力，直觉系统就会战胜慎思系统，非理性决策模式就会产生。情绪的传染性是极强的，高涨的非理性情绪很快就会在市场上流行起来。因此，金融危机在人类发展过程中是不可避免的，我们能做的只能是如何将金融危机的危害性降到最小，尽可能不让它伤害到实体经济领域，尽可能保护理性行为主体和生产者的利益。

马克思认为，资本私人占有制度激发了资本家贪婪的本性，这种本性促使资本家无节制地冒险和转嫁责任以最大化其利益，直至信用停止，债务无法偿付，破坏了社会化生产的合作机制，这一问题最终以危机的方式得以暴露和被纠正。莱因哈特指出人的贪婪与破坏性的原动力总会在一个时期后突破理性的控制，能量在破坏性地释放之后，才会回归于相对的宁静与繁荣。技术在变，人的身高在变，时尚也在变，但政府和投资者自我欺骗（助推周期性繁荣，通常最终以危机收场）的能力并没有变。非理性决策模式的生物性特征不仅能够更为科学地印证马克思、莱因哈特等经济学家关于金融危机不可避免的观点，而且还能更为科学和深入地解释上述观点的内在机制，即贪婪的内在的机制是非理性决策模式。不仅仅是私人占有制度激发非理性决策模式，更抽象地讲，确定性的或者时间压力大的金融系统激发非理性决策模式，情绪化的市场只能靠情绪来纠正，高涨的情绪只有恐惧的情绪来纠正，任何理性的干预（包括市场自身的理性纠正和政府政策的理性纠正）都很难起作用。

## 三、非理性决策惯例是非理性决策模式的社会性表现

决策惯例是行为主体在金融市场交易过程中通过慎思系统有意识地学习和思考形成的新的决策模式，这些新的决策模式逐渐被纳入直觉系统中，形成直觉的、固化的、自动化的决策模式，这些后天习得的形成直觉性的决策模式就是决策惯例。决策惯例集合了当时行为主体关于金融市场的所有信息和知识，它决定着行为主体的交易行为，决定着行为主体交易行为的性质、状态和特征，决定着行为主体安排和组织各种金融活动的次序，决定着行为主体在金融活动中的"活性"及其在金融活

动中的"个性"。可以说，决策惯例决定着行为主体在金融系统中发挥作用的稳定性和持续性。当直觉系统战胜慎思系统时，受慎思系统监控的决策惯例转化为不受慎思系统控制的非理性决策惯例。非理性决策惯例与决策惯例的决策规则或程序是一样的，区别只是有没有慎思系统的控制。非理性决策模式是生物性演化的结果，非理性决策惯例是在非理性决策模式基础上的社会性演化的结果，是人类的认知层面的演化，它并不改变非理性决策模式的生物演化的性质。

如果将非理性决策模式看作是金融危机形成的生物性"基因"，那么非理性决策惯例就可以看作是金融危机形成的社会性"基因"。非理性决策惯例和决策模式一样具有两个特点：一个是复制自己的特点，即通过人们之间的互相模仿来传播和传承，这相当于生物演化中的"遗传"；另一个是搜寻新的决策惯例的特点，即修改较低层次的规则或程序到较高层次的规则或程序，我们称之为转型，它相当于生物演化中的"变异"。非理性决策惯例是历史的载体，它具有相对稳定性，其模仿和传播成为金融危机形成的遗传机制。非理性决策惯例在行为主体生命期中的遗传以及在交易群体中的遗传，表现在金融市场的波动中，交易群体的非理性决策惯例始终影响着交易群体的行为，使得交易群体行为具有了连续性和稳定性。值得一提的是，非理性决策惯例也继承了非理性决策的情绪传染的特点。非理性决策惯例的搜寻特点使非理性决策惯例还具有创造性，其对原有决策惯例中的信息的增加和替换成为金融危机形成的变异机制。非理性决策惯例的变异意味着金融危机形式的转化或者新型的金融危机的产生。

## 四、非理性决策惯例来自金融系统的过度刺激

决策惯例与金融系统的相互作用会产生（非理性）决策惯例的转型，那些能够适应金融系统的转型会生存下来，那些不能够适应金融系统的转型则崩溃。非理性决策惯例对金融系统的适应与否成为金融危机形成的选择机制。在金融危机的形成过程中，其选择机制是决策惯例与金融

系统相互作用下淘汰不适应的决策惯例、保留适应的决策惯例的过程。同时，流行的决策惯例是在市场的持续竞争中，大众模仿一种成功的决策惯例逐步演变而成的。从演化的观点看，能生存下来的行为主体不一定就是最适者，只有生存下来并有众多模仿者的行为主体才是最适者。因此，某种决策惯例的流行标志着这种决策惯例是当时金融系统的最适者。

非理性决策模式的产生来自确定性的或者是时间压力大的金融系统。在这种金融系统下，直觉系统就会战胜慎思系统，双系统决策模式转化为非理性决策模式。同样，非理性决策惯例的产生也来自确定性的或者是时间压力大的金融系统，如确定性的"成功预期"或者预期资产价格快速上涨的时间压力。此时，直觉系统就会战胜慎思系统，决策惯例转化为非理性决策惯例。这种确定性或者是时间压力大的金融系统来自市场经济本身或者是政府政策的过度刺激，上述金融危机的案例分析能够证实市场经济本身或者政府政策的过度刺激会产生某种确定性或者是时间压力大的金融系统。

自由放任的经济政策可能会鼓励从自我利益出发的行为主体放大其自私、贪婪、物质主义和权力至上的观念，他们通过刺激更多的行为主体加入金融市场以获取更多的利益的同时有意或无意地营造出了繁荣的金融市场，而这种繁荣的刺激使行为主体形成了确定性的"成功预期"和预期资产价格快速上涨的时间压力，决策惯例转化为非理性决策惯例，并逐渐流行。随着非理性决策惯例的流行，更多的行为主体加入市场，更多的利润回报激励着行为主体从理性的决策惯例转化为非理性的决策惯例，而这种传染性极强的高涨情绪导致市场的理性毫无用处，非理性行为一发不可收拾。可以说，借助于某些偶然因素，市场的过度刺激促成了金融危机，而金融危机一旦形成，市场理性很难有解决的办法。

政府干预的经济政策可能会鼓励拥有权力的政府放大其权力，他们容易超越经济规律，通过频繁地采取经济政策刺激市场的繁荣，他们或者沉醉于信贷泡沫所推动的成功中，或者惶恐信贷泡沫的破裂。这相当于为行为主体提供了担保，鼓励行为主体放大其自私和贪婪。更多的行为主体加入金融市场营造出了繁荣的金融市场，而这种繁荣的刺激使行为主体形成了确定性的"成功预期"和预期资产价格快速上涨的时间压力，决策惯例转化为非理性决策惯例，并逐渐流行。随着非理性决策惯例的流行，更多的行为主体加入市场，更多的利润回报激励着行为主体从理性的决策惯例转化为非理性的决策惯例。可以说，政府理性干预的过度刺激促成了金融危机，而金融危机一旦形成，政府的理性很难干预。

正像莱因哈特所说，"技术在变，人的身高在变，时尚也在变。但政府和投资者自我欺骗（助推周期性繁荣，通常最终以危机收场）的能力并没有变"。

## 五、不同金融系统的刺激方式衍生出不同的金融危机类型

每一次金融危机都有其相似性，也有其差异性，其相似性源自其共同的"基因"——非理性决策模式；其差异性源自其基因的"变异"——非理性决策惯例的转型。金融系统在不同的时间和空间范畴内，在不同方面对行为主体的影响力不同。行为主体在特定的环境条件下进行交易，不同的金融系统衍生出不同的（非理性）决策惯例，这就是行为主体的（非理性）决策惯例的来源。由于市场环境是多种多样的，因此，（非理性）决策惯例适应金融系统的方式也是多种多样的，经过金融系统选择后就形成了（非理性）决策惯例的多样性。不同的金融系统的刺激方式所衍生出的不同的非理性决策惯例导致金融危机形成的类型也不同。

20世纪20年代，在自由放任的经济政策的推动下，美国金融市场形成了自由放任的金融市场，自由放任的金融市场衍生出"自由放任"型非理性决策惯例，"自由放任"型非理性决策惯例最终形成了"市场失灵"型的金融危机（如1929年美国金融危机）。20世纪70年代，在政府干预的经济政策的推动下，美国金融市场形成了政策干预的金融市场，政策干预的金融市场衍生出"政府干预"型非理性决策惯例，"政府干预"型非理性决策惯例最终形成了"政府失灵"型的金融危机（如20世

纪 70 年代美国"滞涨"危机）。21 世纪初，在既有政府干预（推动次贷）又有自由放任（放弃监管）的经济政策的推动下，美国金融市场形成了次贷证券化的金融市场，次贷证券化的金融市场衍生出"次贷证券化"型非理性决策惯例，"次贷证券化"型非理性决策惯例最终形成了"政府与市场双失灵"型的金融危机（如 2008 年美国金融危机）。

## 六、完善稳定的经济与金融制度是防范金融危机形成的有效机制

从金融危机形成的演化机制中我们发现，诱致金融危机形成的重要因素是行为主体的非理性决策惯例，而行为主体的非理性决策惯例又是金融系统过度刺激产生的。非理性决策惯例和金融系统都是自然形成的结果，自然的不确定性决定了预见危机的难度，即我们都无法明确预见到金融危机的形成具体时点。

但是，金融危机的形成有着共同的基因——非理性决策惯例，而非理性决策惯例有着鲜明的特点，例如，决策惯例不受慎思系统控制；行为主体感觉到确定性的市场趋势或市场竞争的时间压力，很容易快速做出判断和决策；行为主体不会接受旁观者的劝告，或者即使接受旁观者的劝告，行为主体的决策行为通常也不会被简单的提醒和劝告所改变；行为主体不会耐心地学习和推理，其决策是情绪化的，并且很容易被情绪传染。当行为主体出现这些思维和心理的特点时表明行为主体进入了非理性决策惯例状态中。尽管市场的发展难免出现泡沫，或者即使在正常的金融运行状态，行为主体也难免会产生非理性决策惯例，但是它们持续的时间短暂，而金融危机形成状态中的非理性决策持续时间比较长。当行为主体经常出现上述这些思维和心理的特点时可以判断金融市场进入了金融危机形成的轨道中。

我们在上述分析中讲过，金融市场上的高涨的情绪只有恐惧的情绪来纠正。因为在非理性决策惯例状态下，直觉系统失去慎思系统的理性的学习和思考，直觉系统感受不到理性和逻辑，只能感受到情绪，所以，任何理性的干预（包括市场理性和政府理性）都很难起作用。无论金融

关系、金融结构和金融体系多么稳定都可能被这些情绪摧毁，再多的流动性也都会被吞噬掉。经济和金融（体系）的稳定永远都是相对的，相对于市场上的高涨和恐惧的情绪，经济和金融（体系）永远都是不稳定的。因此，只要高涨和恐惧情绪形成，金融危机在所难免。

我们能做的是尽可能将市场情绪降到最低，尽可能将金融危机的范围缩小到最小，尽可能将金融危机的危害降到最低，尽可能保护理性行为主体的利益（最后贷款应该给这些行为主体）。但是，无论是市场经济的理性还是政府政策的理性在金融危机形成的过程中作用有限。从市场失灵和政府失灵的历史发展来看，市场的改善最终也是通过建立和完善了相应的市场经济制度，如反垄断法、产权制度、委托代理制度、公共产品供给制度、公共决策制度等来实现。因此，应对金融危机的形成根本还是应该从市场经济制度上找原因、想办法。从金融危机形成的演化机制中我们可以看出，在非理性决策惯例与金融系统之间只有制度既能稳定地影响非理性决策惯例和金融系统，又能够为我们所操作。因此，提供和完善稳定的经济与金融制度，可以有效干预金融危机形成。

## 第二节　对策建议

根据马克思经济学原理，既然经济规律是由有意志的人和人的活动实现的，那么，金融危机形成的问题核心是我们人类自己，更深入地讲是我们的决策模式，因为它决定着我们的行为。不同学者基于不同的前提对防范和治理金融危机有不同的观点与主张，本书关于对策建议的观点和主张并不与这些学者的观点与主张相冲突，本书的对策建议将主要围绕着决策模式来展开。

### 一、增加金融活动中非理性决策和行为的预警信号

在亚洲金融危机之后，涌现出了大量的实证研究文献，以试图确定

不同的宏观经济指标和金融指标在准确预警危机方面的相对优劣。这些文献研究了大量的指标，同时采用了经济计量技术和危机事件分析广泛结合的方法，取得了一定的成功。本书在此基础上从决策模式角度对金融危机的早期预警进行补充。

大多数预警分析方法并不能准确预测金融泡沫破灭的时间，也不能提供一个明显的指标来衡量潜在危机的严重程度。这些系统性分析能够带来的是关于一国是否出现了一个或多个严重金融危机发生前典型症状的有用信息。然而，建立一个有效、可信的早期预警系统的最大障碍，并非来自设计一个能从不同指标及时地产生相对可信危机信号的系统性框架。最大的障碍来自政策制定者和市场参与者，他们具有根深蒂固的习惯，把危机信号当作旧框架产生的无关、过时的残留物，他们认为旧的估值法则不再适用，那些历史上金融危机的某些指导作用通常也不会被考虑，这是非理性决策的一个重要组成部分。因此，当政策制定者和市场参与者把产生的危机信号当作旧框架产生的无关、过时的残留物时，这一确定性决策就预示着金融危机的内生性条件产生了。因为，从双系统决策模型中我们知道，当行为主体对金融系统的感知是确定性时，直觉系统会战胜慎思系统，直觉系统的直觉的决策模式占主导地位，同时直觉系统失去慎思系统的监督和控制，行为主体经常表现为非理性行为方式。

如果金融危机几乎无间断地重复发生，那么那种确定性的感知和决策将很难表现出来。几乎每一次金融危机都是一样的，贷款人和借款人一直处于违约的边缘，而且债务市场永远不会发展到一定规模，更不用说发展到那种能发生剧烈崩盘的程度。但是经济理论告诉我们，在信心泡沫破灭之前，即便是一个相对脆弱的经济体都能平稳运行很长一段时间，而且经常使很多债务问题被掩盖。金融系统总是在变化的，或者说任何经济活动都是不确定的，尤其是当金融系统从稳定状态运行到不稳定状态时，经济活动会更加不确定，政策制定者和市场参与者的确定性或者不确定性决策将直接决定着历史的走向。

金融系统是不确定和多样性的，不确定性体现为：企业规模与产出的变化、行业变迁、彼时宏观经济走向都是复杂的，尤其是技术创新、组织创新、制度创新都将改变世界的状态。多样性体现为：在目前和未来企业与行业状态存在着广泛的差异。例如，美国从最初级的次级抵押贷款的基础资产池，到最后形成高级的衍生品证券，经过若干次的整合和衍生技术处理，整个过程极其复杂。其中的要害是已经将初始借款人的信息和次级抵押贷款的风险状况与收益特征完全掩盖，促使投资者懵懂，不能准确判断证券的实际风险。利益攫取者通过资产证券化的金融"魔法术"，获得超过普通投资者数千倍的收益，而整个社会付出的是资产泡沫破裂、金融系统崩溃惨痛的代价。由于处于不同层次，环境以及变量的变化速率不同，或某些环境特征具有连续性和变化缓慢性，因此，我们也必须承认其相对的稳定性和相对的确定性。

由于金融系统的变化是复杂和不确定的，因此，不管有没有察觉到新情况和新问题的产生，政策制定者和市场参与者的任何确定性的感知、判断和决策都是非理性决策与行为的前兆，都可能会导致非理性的决策和行为。从本书的上述结论中我们知道，人类的非理性决策模式是诱致金融危机形成的重要因素，因此，确定性的感知与决策是金融危机发生的重要的预警信号和指标，这一信号和指标决定了那些系统性预警机制能否被重视和利用的重要前提。关于确定性决策的具体指标可结合使用市场分析人员预测的标准差来衡量。同时，非理性决策惯例的其他特征也都是不可忽视的重要的预警信号。

我们依据金融危机形成的演化机制来完善金融危机的预警信号。第一，由于金融泡沫具有持续性，因此，我们在每一个时点上都可以假定金融泡沫将会维持，金融泡沫的持续性为我们判断金融危机预警信号提供了足够的时间。第二，我们要将政策制定者和市场参与者的任何持续的、确定性的感知、判断和决策作为重要的金融危机预警信号。第三，从金融危机的周期性发生的历史来看，需要将盲目和过度乐观或盲目和过度悲观的情绪化思维，以及采取极端的金融资产买入或卖出的行为作为重要的金融危机预警信号。第四，由于机构交易者对资产价格有着决定性的影响，因此，我们可以将机构交易者的非理性决策惯例作为代表性的预警信号，考察其非理性决策惯例的细微变化，推测其可能产生的巨大的长期效应。第五，将流行的非理性决策惯例和市场连锁反应的情况作为预警信号，可以大致判断出金融危机形成的状况。

## 二、市场和政府二元调节机制优化组合的制度化解决方案

对金融危机的干预无外乎市场机制和政府干预两种方式。市场机制与政府干预两种经济思想体系主导地位交替生辉，物极必反，政府干预过长、过多，会使经济呆滞；放任市场机制主导，难免控制不够。二者都有过促进金融稳定和金融发展的辉煌历史，也都有过无力应对金融危机的不良记载。一切事物的发生都和时间、地点和环境条件相依存，每一个时代所面临的政治和经济等情况不同，以及主要任务和当时舆论的侧重差异不尽相同，相应会有影响该时代进步的一种或几种经济学说成了主要理论。一些主流经济学家、政策制定者以及学者个人的认识和主张等外界因素对经济理论学说产生影响。时代不同了，新个性特征的学者登场，新的一种或几种学说便取代了主导地位。但是不能断言占主导地位的学说，它是先进的或保守落后的。因此，要因时、因地、因所要解决的任务来判定哪种理论较为合适，而其他的理论则不太合适。这就是说，人们所采用的经济学理论不能局限一种学说，而应以为解决当时所面临的主要问题为要，评价优劣的标准既不能以出现的时间先后为准，取舍的依据也不能以影响大小定论。人们寻找解决问题的理论办法一定是根据自己时代的需要。

通过此次次贷危机所暴露出的一系列金融问题来看，政府实施干预的度有失偏颇，也就是说现在的市场经济已经不仅仅是需要政府干预，同时对干预的广度和深度甚至政府进退时机也有了更为微妙的要求。刘易斯（Lewis）曾指出，政府干预的尺度不当就会遭到失败。那么，如何适度地发挥市场机制和政府干预的作用是我们需要解决的关键问题。

从本书的上述结论中我们知道，人类的非理性决策模式是诱致金融危机形成的重要因素，而非理性决策模式又来自金融系统的过度刺激。

过度繁荣的金融市场充斥着机会多和运气好的故事，使行为主体的注意力集中在这些故事上，这些故事逐渐成为金融市场上的主导。这些故事激发了广大行为主体的投机动机，而投机动机一旦产生，在金融系统的过度刺激下，直觉系统就会很容易失去对慎思系统的控制，行为主体就会作出非理性决策和行为。除非能有效控制金融系统的过度刺激，才能使行为主体回归到理性状态，但这又是很难实现的，因为只有政府能干预金融系统，但政府和我们没什么不同。

要想讨论好问题，我们需要明晰理性的规则和程序。演化范式与传统经济学最大的不同是不确定性，更准确地讲，传统经济学认为经济系统的不确定性来自系统外部，而演化范式认为经济系统的不确定性主要来自经济系统内部，经济系统内生的不确定性来自行为主体决策的复杂性。行为主体的现实决策模式是双系统决策模式，直觉系统与慎思系统的合作与否决定了最终决策是理性的还是非理性的。因此，对于理性的规则和程序，我们应该这样定义：第一，任何决策都要以不确定性作为逻辑起点，这种不确定性既体现在经济行为的限制性条件上，也体现在行为主体的行为目标上。第二，对通过观察得到的各种前提条件、通过经济理论或模型得出的各种结论，以及基于此形成的决策惯例进行监控和学习。第三，任何非理性因素，包括本能、习惯和情绪等，始终都在行为主体控制的范围内。

严格按照这样的规则和程序进行决策的行为是理性行为，没有严格按照这样的规则和程序进行决策的行为都是非理性行为。没有对经济系统内生不确定性的认识，其决策很难说是理性的。理性集中体现在对人的非理性决策及在其基础上产生的不确定性的认识上。按照这个规则和程序才能看见自己，进而才能控制自己；反之，则反之。政府干预的范围与尺度，以及政府介入、退出的时机都应按照此规则和程序来展开。

### （一）宏观经济长期目标的中性和稳定性

凯恩斯主义的宏观调控，它是以刺激和追求经济增长为主要目标，在 20 世纪 30 年代刚刚经历了资本主义经济最严重的经济大萧条后对于经济的恢复获得立竿见影的效果，这是政府最初形式的宏观干预经济。然而，进入 21 世纪，金融业获得高度发达，次贷危机的爆发证明宏观经济调控干预尺度不合理，常常造成干预过度的偏差。这就对现代宏观经济学理论的发展方向提出了新的思路，来克服这种经济波动频发和危机常有的状况。而当今的宏观经济学对于不论像中国这样快速发展的发展中国家，还是其理论发源地的发达市场经济国家，作为宏观调控的指导理论都欠完善，甚至有失偏颇。

宏观经济目标的指向应该是中性的和稳定性的，诸如维护国家经济安全、维护经济结构平衡、维护经济发展活力和保障收入分配公平、规范金融和货币市场交易的公平秩序等。避免非中性的宏观经济目标给予市场丰富的想象力，也避免借机给予政府过多干预的借口和权力。政府不能明确提出非中性的并且是过于确定性的宏观经济目标，例如，明确地提出经济增长的宏观经济目标，或者明确地提出增加社会福利的宏观经济目标。政府一旦明确提出这些宏观经济目标，市场就容易利用这些目标推波助澜。当市场在信贷泡沫的推动下走向繁荣时，政府就容易沉醉于信贷泡沫所推动的成功中，或者惶恐信贷泡沫的失败，导致非理性的决策和行为。

政府对经济和金融波动的短期干预，包括通货紧缩和通货膨胀，只能是随机而动，不能明确提出刺激经济增长或者是控制通货膨胀的宏观经济目标，不能让市场明确地了解政府的宏观干预意图，避免短期投机资本有时间蓄意做空或做多。这并不影响长期资本，因为随机而动的短期干预的目的是保护长期资本的长期收益，所以随机而动的短期干预与长期资本的利益并不冲突。

因此，从源头上理性地设定宏观经济目标是保证市场机制理性运行的首要措施。

**（二）不断创新的宏观调控工具**

宏观经济调控传统的方法主要依靠货币政策和财政政策两类工具及

其组合。这次美国金融危机之后，以美国为首的发达国家痛定思痛，大力增加和修改经济法律、法规，由此创造出许多新的调控工具。同时，再结合既有的各种宏观调控工具的搭配，形成适合当今世界经济和金融的新组合。历次的金融危机都伴随着金融创新，金融创新是金融危机难以识别的重要因素，正是由于金融创新带来市场繁荣的迷惑性导致行为主体和政府对经济形势及金融市场的发展作出了错误的判断。可以说是金融创新赢得了市场，而老百姓总是为胜利者欢呼和追随胜利者，因此，政府只有对各种金融创新不断学习，在宏观调控工具上不断创新，才有可能达到金融创新对市场影响的同样效果、才有可能制衡金融创新、才有能力引领行为主体，使市场理性地运行。

政府不能只停留在那些经常使用的宏观调控工具上而没有变化，否则就会造成市场失灵和政府失灵。宏观短期调控工具不能过于确定，一旦过于确定，就会被市场利用进而推波助澜，最终造成市场的过度繁荣或过度混乱。总之，只有宏观调控工具的创新战胜那些用于投机的金融创新，才能引领市场回归理性。

### （三）宏观调控边界的监控和学习

政府干预不是市场经济的初衷，但是在金融市场失控时能够及时地规范市场，如果干预的范围控制不得当，会适得其反，往往会阻碍金融市场的发展。政府对经济干预最终的目的是治理解决市场缺陷导致的市场失灵，所以政府监管的范围应有所限制，仅限制在市场失灵的领域，即控制在市场调节机制不能展现其功效或功能发挥微弱的领域，万万不可随意逾越这个范围。从历史的经验中可以看出，政府对经济实行干预的实例并不是每次都得到了良好的效果。而不当的政府干预有时候反而会将经济发展从市场失灵的困境中引发到政府失灵，从而浪费了大量人力和财力资源，事与愿违的"赔了夫人又折兵"。

宏观调控应充分理解市场自我调节机制，不能与市场自我调节机制相冲突，更不能试图取代市场自我调节机制，而应是对市场自我调节机制的增强。市场是不断变化的，政府也需要不断学习。要做到这一点，就需要政府对自己决策的前提条件的变化、对自己决策惯例的变化，以及对市场反馈的变化时时监控和学习，掌握不断变化的市场自我调节机制的边界。

另外，宏观调控主要是维护市场的公平秩序，公平秩序是经济效率的基础和保证，金融危机对经济最严重的破坏是对市场公平秩序的破坏，它打击了行为主体的信心，使市场不能有效率地、理性地运行。一句话，金融危机破坏了市场自我调节机制的边界。宏观调控应着力维护市场的公平秩序，这是市场经济高效运行的灵魂和核心。宏观调控应增加挑战市场公平秩序的行为主体的成本，降低遵守市场公平秩序的行为主体的成本，或者说应鼓励建设性的交易。据此，政府应确定在四个方面针对市场失灵的干预：第一，政府要排除市场竞争的障碍，保证和促进自由市场竞争，适时地予以调节及完善市场运行的环境和制度条件；第二，政府为保证社会的稳定，干预社会产品的分配和实施社会保障，协调市场机制所造成的悬殊的收入分配，尤其对大型金融机构管理层的超高收入实施"限薪令"等；第三，政府努力改变或创造经济运行条件，并对市场运行过程进行干预，实现对市场主体的利益和优先地位进行重新分配，促进资源的有效配置；第四，国家直接参与经济过程，对经济效益低而社会效益高的社会公共产品和服务进行投资，用来弥补市场经济的不足。

### （四）控制宏观调控的尺度

实施干预是否成功的关键因素是政府干预的尺度，即对干预的广度和深度的把控。政府对经济的干预和市场经济自行调控是一个事物的两个方面，是相辅相成的，政府干预是市场经济自身发展到一定程度的需要，是市场选择的结果。其中的重点是干预的尺度，政府干预的尺度并不是一成不变的，而是与社会经济的发展紧密相连的。社会科学不像自然科学那样寻找或设计一个公式或算法就可以得到处理项目的定量工具，而在经济学领域非定量的事务中是很难真正寻找出一种适宜的工具，这种工具可以视具体情况的变化向两极进行及时的调整。另外，政府干预经济的过程中还有一个至关重要的准则，就是既不能破坏市场经济自身发展的规律，又要重视国家制定的法律，还要符合社会的伦理。因此，政府行为要由经济标准、法律和伦理的综合标准来限定。

但是，实施宏观调控的主体是人，他们也受本能、习惯和情绪等非理性因素的影响，当这些非理性因素在金融系统的影响下变得浓重时，宏观调控者也会失去理性的控制，无法保持客观公正的宏观调控尺度。因此，宏观调控者需要随时审视自己是否始终能够保持住将那些非理性因素控制在一定范围内的状态，这些都需要通过制度化来保证。

### （五）国际宏观调控的相互制约与相互协调

通过提高报告数据的透明度和强化杠杆监管，国际机构在降低金融危机风险方面能够扮演重要的角色。除了获得更透明的银行财务报表数据，如果还能够获得政府债务和隐性政府债务担保的更好且更清楚的信息，将是非常有帮助的。虽然更高的会计透明度不能解决所有问题，但它确实能有所帮助。在提高透明度方面，那些在过去 20 年中以各种名目成立且正在国际秩序中寻找自身位置的国际机构能够发挥巨大的作用。国际货币基金组织也能够通过执行非常严格的政府债务会计标准（包含隐性担保和表外项目）来为各国政府提供这些公共产品。

国际货币基金组织于 1996 年首先提出的数据发布特别标准在这方面迈出了重要的第一步，后续还将大有可为。我们只要看看 2007 年金融危机期间美国政府的资产负债表有多么不透明，就知道一个外部标准多么重要。仅美联储就在其资产负债表上持有数十亿美元难以定价的私人资产，但是随着危机的深入，它甚至拒绝向美国国会披露其中一些资产的构成。虽然这些资产的获得确实是一个微妙和敏感的过程，但是从长期来看，系统性的透明度才是正确的方法。提高透明度的工作说起来容易做起来难，因为政府有很多动机去掩盖其资产负债表。但是，如果规则是由外部制定并在下一次危机发生前就确立下来，那么违背这些规则就可能被视作需要改善操作的信号。在我们看来，相对于在政府陷入偿债困境时扮演救火者角色而言，国际货币基金组织在促使各国政府借款头寸信息披露方面能够发挥更大的作用。当然，历史教训是国际货币基金组织在危机前的影响要比危机发生后小得多。

我们也坚信国际金融监管机构能够发挥重要的作用。首先，跨境资本流动持续增加，经常在追求高收益的同时逃避监管。为了对现代国际金融这个庞然大物进行有效监控，很重要的一点就是金融监管协调。同样重要的是，一个国际金融监管者可能会隔绝部分来自国内立法者的政治压力（他们不懈地游说国内监管者放松监管规则和执行力度）。考虑这样一家机构所应具备的特殊条件截然不同于现行任何一家主要的多边贷款机构，我们认为创设一家全新的机构是有必要的。

### 三、完善制衡市场与政府非理性决策和行为的金融监管制度

#### （一）扩大金融监管的独立性和权威性

金融监管部门类似于大脑中的慎思系统，因此，金融监管部门应该发挥慎思系统的作用。首先，金融监管部门要与政府脱离，像慎思系统与直觉系统的关系一样，它与政府应该是一种合作关系而不是上下级的管辖关系，只有这样才能避免被政府的偏好和情绪所影响，才能发挥它应有的作用，否则只是政府有意无意利用的工具，不一定能切实地保护行为主体的利益。其次，金融监管部门要有足够的权力和影响力能够制衡政府权力的影响，能够独立地作出分析和判断。

金融危机形成的过程中，慎思系统失去对直觉系统监控的原因是大脑对确定性与时间压力的金融系统的判断。大脑对市场出现的新条件和新情况作出了错误的评估和判断，判断成确定性（上涨）的市场状况，失去了对金融系统怀疑和质疑的常态，这是导致直觉系统逐渐失去慎思系统的监控、金融风险逐渐累积、金融危机逐渐形成的根本原因。实际上，2008 年美国金融危机中金融监管犯的错误同上述的直觉系统逐渐失去慎思系统监控的机制是一样的。2008 年美国金融危机中的金融监管也是对市场出现的新条件及新情况作出了错误的评估和判断，判断成健康

的、正常的市场繁荣，直到金融市场崩盘之前还不认为金融系统已经发生了重大的变化。归根结底是他们的期望在作祟，他们期望市场的成功和繁荣，这种期望掩盖了甚至是吞噬了对市场的怀疑和质疑，这种期望本质上是一种情绪，这种情绪过于浓重就会屏蔽掉很多真实的信息，结果是掩盖了对市场的怀疑和质疑。失去对市场的怀疑和质疑是判断决策者是否充满情绪的重要指标。

生物演化的机制就是"生理"上的不断"试错"（即变异），最终被自然选择。而人类因为有了更加灵活的大脑，从而有了更强的适应能力和学习能力，人类通过在经济和社会活动中"有意识"地不断试错来获得新知识，进而创造了新工具，这些工具相当于人类在生理上的"延伸和扩展"，相当于生理上的演化。人类生理上的演化是十分漫长的，但是从工具能够替代生理功能的角度讲，包括那些无形的思想上的手段和方法，人类演化从某种意义上已转化为"认知"的演化。

2015 年，美国国家科学院院刊 *PNAS* 发表一篇文章《人类大脑皮层组织的遗传控制与黑猩猩相比较为宽松》"Relaxed genetic control of cortical organization in human brains compared with chimpanzees"①，研究人员通过 MRI 扫描检测了 218 名志愿者和 206 名黑猩猩的大脑，他们对脑容量、脑沟形态和位置进行分析，这些因素可以反映大脑皮层的组织形式。文章指出，人类大脑发育的遗传学控制相对于黑猩猩来讲更为松散，这使得人类比黑猩猩更能够灵活地学习和适应环境。灵长类动物的高智能来自以脑沟为特征的新皮层，黑猩猩就是因为具有新皮层这一特征才会相当聪明，它们能使用工具，用复杂的声音交流，也能较好地解决问题。黑猩猩及人类的新皮层在出生后可以继续生长和改组，这是学习和发展社会性的基础。大脑根据环境线索进行改组的能力，被称为可塑性。黑猩猩的大脑远不能与人类大脑媲美是因为黑猩猩大脑受到的遗传学控制更

---

① Aida Gómez-Robles, William D. Hopkins, Steven J. Schapiro, et al. Relaxed genetic control of cortical organization in human brains compared with chimpanzees ［J］. Proceedings of the National Academy of Sciences of the United States of America, 2015, Vol. 112 No. 48：14799－804，DOI：0. 1073/ pnas. 1512646112.

强，而人类大脑受到的遗传学控制相对较弱，因此，环境在人类神经发育中起到了更大的作用。高度的灵活性是一个决定性特征，帮助人类祖先在智力上超过其他灵长类动物。

在金融危机形成的过程中，慎思系统之所以失去对直觉系统的控制，是因为大脑的遗传学控制力和影响力太强，这是人类不能摆脱本能控制、不能克服人性弱点、不能避免非理性行为的根本原因。但是，从人类认知的演化能够一定程度上替代生理上的演化的角度，人类认知上的演化从理论上可以干预大脑的遗传学控制力和影响力。假设市场和政府就是直觉系统，金融监管部门是慎思系统，通过给予金融监管部门足够的权力，使其能够与市场和政府权力相制衡，就能够起到认知意义上的对大脑的遗传学控制力和影响力相制衡的作用，从而一定程度上克服人性的弱点和非理性行为的产生，进而起到有效干预金融危机形成的作用。

### （二）协调金融监管思维的快与慢

2014 年，《自然》（NATURE）杂志上发表了一篇文章——《学习的神经约束》"Neural constraints on learning"①，研究人员让恒河猴学习通过运动皮层的不同活动模式来控制电脑上的光标，借此检测了神经元网络的重组，从而发现了神经网络学习的规律。文章指出，学习的难易程度决定于大脑已有的神经网络限制神经元生成新模式的能力。学习过程（不论是运动、感知或者认知）需要神经元网络生成新的活动模式。该研究显示，有些神经活动模式学起来更容易，有些则比较困难，即容易学习的模式都是已有神经活动模式的重组，而那些全新的活动模式难度要大得多。认知灵活性是有限制的，此研究在神经元水平上揭示了这种限制，即大脑如何在学习过程中改变自己的活动，以及大脑活动在什么情况下无法改变。

由于学习过程（不论是运动、感知或者认知）需要神经网络生成新

---

① Patrick T. Sadtler, Kristin M. Quick, Matthew D. Golub, et al. Neural constraints on learning [J]. Nature, 2014, 512: 423 – 426, DOI: 10.1038/nature13665.

的活动模式，大脑已有的神经网络限制了神经网络生成新模式的能力，因此能够将大脑中已有的神经网络与全新的、未知的活动模式之间建立联结的唯一方式和手段就是时间。只有足够的思维和时间才能突破大脑已有神经网络对全新的、未知的活动模式的认知灵活性的限制。

从双系统决策模式中我们可以看出，直觉系统是遗传学意义上的决策机制，而遗传机制是很难改变的，甚至是不允许改变的，它的改变属于生物进化范畴。我们能做到的是把注意力更多地放在慎思系统中。慎思系统是大脑新皮层中的决策机制，具有高度灵活性。我们知道，直觉系统的特征是"快"，而慎思系统的特征是"慢"，我们只要能控制思维和行为慢下来就能干预大脑的遗传机制。如果我们控制自己的思维和行为慢下来，来自环境的信号或信息就能够进入到大脑新皮层中，大脑就会启动慎思系统，我们就能够灵活地学习和适应环境。并且，我们将思维和行为控制得越慢，就越能发挥大脑新皮层中的慎思系统的功能和作用，这是因为思维和行为越慢，直觉系统对慎思系统的干扰就越小，或者说，大脑新皮层的遗传学控制就越弱，大脑新皮层的神经系统就更灵活，对外界的影响就越敏感，能够接收到的信号和信息就越多，信息加工能力就越强，有类似于放大镜的作用，大脑新皮层能够更灵活地学习和适应环境，最终产生新的知识。如果我们不控制自己的思维和行为慢下来，我们的思维和行为在环境的影响下就会受遗传因素控制，来自环境的信号或信息就会进入到直觉系统中转化为情绪，大脑就会被情绪所控制，我们只能感受到情绪，感受不到逻辑，我们的行为更多地表现为非理性特征。

尽管人类认知的演化从某种意义上能够替代生理上的演化，但是环境对大脑的塑造只是从生理的不断试错替换为认知的不断试错，人类的演化从某种意义上还是遵循着自然选择的规律，或者说遵循着被选择的规律。很多时候，人类以一种完全依赖行为的试错方式获取知识，正是因为这种完全依赖行为的试错获取知识的方式才导致人类非理性的行为结果。例如，在金融危机形成过程中，人类的非理性行为本质上就是完全依赖交易行为的"试错"来验证人们在金融市场上投机的可能性的过程，金融危机的周期性就是最好的证明。如果完全依赖行为试错的方式获取知识，那么人类的非理性行为以及人性的弱点难以克服。人类认知试错的方式是可以改进的，放慢我们的思维和行为可以有效帮助我们克服人性的弱点，减少我们认知试错中的非理性行为。

这种通过放慢思维和行为获得新知识的方式远比只是通过行为不断"试错"获得新知识的方式要好得多，它能有效帮助我们克服人性的弱点，减少金融运行中的非理性行为。从更深远的演化意义来讲，放慢思维和行为获得新知识是人类更好的一种演化方式。因此，在制度设计上以慢思维和慢行为为核心，才能为金融体系的正常运行和缓解金融危机形成的压力提供更为稳定的制度环境。

总之，金融监管部门在权力的建构上应模仿法律部门，形成同法律部门一样的动力、效率和权力，形成对市场和政府的有效制约。金融监管部门应重视专业的和负责任的人才，专门对市场条件及环境的变化进行监控和研究，并确立慢思维和慢行为的思想核心，因为只有这样才能保持足够的理性。为了保证金融市场的快速、高效运行，金融监管部门应该只在市场出现普遍的、经常性的非理性特征时进行干预，适时推行慢思维和慢行为的干预策略，直至市场上普遍的、经常性的非理性特征消失，并通过专业的监控和研究及时消除导致市场非理性情绪的关键因素。

# 参 考 文 献

［1］阿弗里德·马歇尔. 经济学原理（上卷）［M］. 北京：商务印书馆，1981：9.

［2］安翔. 我国农村金融发展与农村经济增长的相关分析——基于帕加诺模型的实证检验［J］. 经济问题，2005（10）：49-51.

［3］陈斌. 金融产品创新视角下美国次级抵押贷款危机［J］. 证券市场导报，2008（6）：11-15.

［4］陈雨露，马勇. 金融自由化、国家控制力与发展中国家的金融危机［J］. 中国人民大学学报，2009（3）：45-52.

［5］陈雨露. 后危机时期货币金融稳定的新框架［J］. 中国金融，2009（16）：19-21.

［6］高飞，胡瞿. 美国金融危机与中国金融监管［J］. 云南财经大学学报（社会科学版），2008，23（4）：14-15.

［7］霍奇逊. 演化与制度——论演化经济学与经济学的演化［M］. 任荣华，等译. 北京：中国人民大学出版社，2007：25.

［8］贾根良. 理解演化经济学［J］. 中国社会科学，2004（2）：33-41.

［9］莱茵哈特，罗格夫. 这次不一样——八百年金融危机史（珍藏版）［M］. 綦相，刘晓锋，刘丽娜，译. 北京：机械工业出版社，2012：3，6.

［10］林毅夫，孙希芳，姜烨. 经济发展中的最适金融结构理论初探［R］. CCER 研究论文，2006（6）.

［11］马克思. 资本论（第三卷）［M］. 北京：人民出版社，1975：498-499.

［12］卿志琼. 从认知科学到经济学：情绪介入经济决策的内在机理研究［J］. 财经研究，2012，（38）1：72－83.

［13］孙彦，李纾，殷晓莉. 决策与推理的双系统——启发式系统和分析系统［J］. 心理科学进展，2007，15（5）：721－845.

［14］杨公齐. 经济全球化视角下的金融危机成因解析［J］. 现代财经，2008，28（8）：25－28.

［15］杨兆廷，王元. 论虚拟经济与实体经济协调发展——以美国金融危机为例［J］. 河北金融，2009（4）：3－5.

［16］易宪容，王国刚. 美国次贷危机的流动性传到机制的金融分析［J］. 金融研究，2010（5）：41－57.

［17］余斌. 从美国次贷危机看金融风险的创新问题［J］. 经济纵横，2008（12）：25－27.

［18］朱太辉. 美元环流、全球经济结构失衡和金融危机［J］. 国际金融研究，2010（10）：15－17.

［19］Alessandro Vercelli. Minsky Moments, Russell Chicken, and Gray Swans：The Methodological Puzzles of the Financial Instability Analysis［J］. The Levy Economics Institute of Bard College, 2009：191－202.

［20］Allen, F. and D. Gale. Financial Contagion［J］. Journal of Political Economy, 2000（a）, 108（1）：1－33.

［21］Barth, J., G. Caprio and R. Levine. Banking Systems Around the Globe：Do Regulation and Ownership Affect Performance and Stability?［R］. The World Bank Working Paper, 2000：1－60.

［22］Bernanke, B. S. International capital flows and thereturns to safe assets in the United States, 2003－2007［R］. International Finance Discussion Papers, et al. 2011 Feb, No. 1014.

［23］Blundell-Wignall, Atkinson& Lee. The currentfinancial crisis：Causes and policy issues［J］. OECD Journal：Financial Market Trends. 2008：335－345.

［24］Borio, C. and P. Lowe. Asset Price, Financial and Monetary Stability: Exploring the Nexus [R]. Bank for International Settlements, Working Paper, 2002, No. 114.

[25] Bosworth & Flaaen. America's financial crisis: Theend of an era [R]. Asian Development Bank InstituteWorking Papers, 2009, No. 142.

[26] Bourgine & Nadal. Cognitive Economics: An Interdisciplinary Approach [R]. Springer, 2004.

[27] Brunner, Karl and Allan H. Meltzer. An Aggregative Theory for a Closed Economy in Jerome L. Stein, ed. [J]. Monetarism, North Holland, Amsterdam, 1976: 69 – 103.

[28] Buiter, W. H.. Lesson from the 2007 financial crisis [R]. CEPR Discussion Paper, 2007, No. DP6596.

[29] Calvo, Guillermo A. Emerging Capital Markets in Turmoil: Bad Luck or Bad Policy? [M]. Cambridge, MA, The MIT Press, 2005: 1 – 320.

[30] Camerer C. Behavioral Game Theory: Experiments in Strategic Interaction [M]. Princeton University Press, 2003.

[31] Camerer, Loewenstein & Rabin (eds). Advances in Behavioral Economics [M]. Princeton University Press, 2004.

[32] Christian Suter. Debt Cycles in the World-economy: Foreign Loans, Financial Crises and Debt Settlements, 1820 – 1986 [M]. Boulder: Westview Press Inc, 1992: 1 – 225.

[33] Cifuentes, R, G Ferrucci and H S Shin. Liquidity Risk and Contagion [J]. Journal of the European Economic Association, 2005, No. 3.

[34] Cohen, J. D. The vulcanization of the human brain: A neural perspective on interactions between cognition and emotion [J]. The Journal of Economic Perspectives, 2005, 19 (4): 3 – 24.

[35] Daianu & Lungu. Why is this financial crisis occurring? How to respond to it? [J]. Journal for Economic Forecasting, 2008, 5 (4): 59 – 87.

[36] Dell'Ariccia G, Igan D, Laeven L. Credit booms and lending standards: evidence from the subprime mortgage market [R]. Workingpaper, 2008.

［37］ Demirguc-Kunt, A. and E. Detragiache. Financial Liberalization and Financial Fragility ［R］. IMF Working Paper, 1998 (b), 83: 1 –67.

［38］ Demyanyk Y, Van Hemert O. Understanding the subprime mortgagecrisis ［J/OL］. Review of Financial Studies, 2009. http: //rfs. oxford-journals. org/cgi/content/full/hhp033.

［39］ Diamond DW, Rajan R. The credit crisis: conjectures about causesand remedies ［R］. Working paper, 2009.

［40］ Douglas W. Diamond, Philip H. Dybvig. Bank Runs, Deposit Insurance, and Liquidity ［J］. The Journal of Political Economy, 1983, 91 (3): 401 –419.

［41］ ECB. Global Crises and Equity Market Contagion ［R］. Working paper, 2011, No. 1381.

［42］ Edwards and Sebastian, Capital Controls, Sudden Stops and Current Account Reversals ［R］. NBER Working Paper, 2005, No. 11170.

［43］ Frderic S Mishkin. Globaliaztion, Maeoreeoonimic Performance, and Moneatry Poliey ［R］. NBER working PaPer, 2008, No. 13948.

［44］ Genesove & Mayer. Loss aversion and seller behavior: Evidence from the housing market ［J］. Quarterly Journal of Economics, 2001, 116 (4): 1233 –1260.

［45］ Gigerenzer G, Hoffrage U, Kleinbolting H. Probabilistic mental models: a Brunswikian theory ofconfidence ［J］. Psychological review, 1991, 98 (4): 506.

［46］ Hodgson, G. M.. Darwinian coevolution of organizations and the environment ［J］. Ecological Economics, 2010 (69): 700 –706.

［47］ Hodgson, G. M.. Darwinism in Economics: From Analogy to Ontology ［J］. Journal of Evolutionary Economics, 2002 (6): 589 –281.

［48］ Hyman Minsky. Stabilizing an Unstable Economy ［M］. Yale: Yale University Press, 1986: 1 –350.

［49］ IMF. Global financial stability report ［R］. 2008, Oct. , www.

imf. org.

［50］IMF. Chapter Ⅳ. Financial Crises: Characteristics and Indicators of Vulnerability ［R/OL］. World economic outlook, 1998, 5: 74 – 75.

［51］Irving Fisher. The Debt-Deflation Theory of Great Depressions ［J］. Econometrics, 1933 (1): 337 – 357.

［52］James Tobin. Money and Finance in the Macroeconomic Process Journal of Money ［J］. Credit and Banking, 1982 (14): 171 – 203.

［53］Jimenez G. ongena S. , Peydrer Alcalde J. I. and Saurina J. Hazardous Times for Monetary Policy: What do Twenty-Three Million Bank Loans Say About the Effects of Monetary Policy on Credit Risk-Taking? ［R］. Working Paper, 2009, No. 0833.

［54］Jordi Mondria and Climent Quintana-Domeque. Financial Contagion and Attention Allocation ［J］. The Economic Journal, 2012, 63 (2): 25 – 40.

［55］Joseph E. Stiglitz. The Financial Crisis of 2007/2008 and its Macroeconomic Consequences ［R］. working paper, 2008.

［56］Kahneman D. Maps of bounded rationality: Psychology for behavioral Economics ［J］. American Economic Revicw, 2003 (93): 1149 – 1475.

［57］Kahneman D. . A Perspective on judgment and choice: mapping bounded reality ［J］. Champaign: American Psychologist, 2003, 58 (9): 697 – 720.

［58］Kaminsky, G. and C. Reinhart. Bank Lending and Contagion: Evidence from the Asian Crisis ［J］. Mimeo, University of Maryland, September. 1999, 89 (3): 473 – 500.

［59］Kaminsky, G. and C. Reinhart. On Crises, Contagion, and Confusion ［J］. Journal of International Economics, 2000, 51 (1): 145 – 168.

［60］Kaminsky, G. and C. Reinhart. The Twin Crisis: The Causes of Banking and Balance of Payments Problems ［J］. American Economic Review, 1998, 89 (3): 473 – 500.

［61］Keys B. J, Mukherjee T, Seru A, Vig V. Did securitization lead to laxscreening? Evidence from subprime loans ［R］. Working paper, 2008.

［62］ Kodres, Laura and Matthew Pritsker. A Rational Expectations Model of Financial Contagion ［R］. mimeo, Board of Governors of the Federal Reserve System, 1999.

［63］ Lorenzo Bini Smaghi. What Has the Financial Crisis Taught Us? The Global Dimension and International Policy Cooperation ［R］. ECB, speeches, 2010.

［64］ March & Simon. Orgnaization ［R］. New York: Wiley, 1958.

［65］ Maskin, Eric. On Indescribable Contingencies and Incomplete Contracts ［J］. European Economic Review 46. 2002: 725 – 733.

［66］ Milkman K L, Chugh D, Bazerman M H.. How can decision making be improved?［J］. Perspectives on Psychological Science, 2009, 4 (4): 379 – 383.

［67］ Milton Friedman, Anna J. Schwartz. A Monetary History of the United States, 1867 – 1960 ［M］. Princeton: Princeton University Press, 1971: 1 – 888.

［68］ Nosek B A, Greenwald A G, Banaji M R. The Implicit Association Test at age 7: A methodological andconceptual review in: Bargh J. A. Social psychology and the unconscious: The automaticity of higher mental processes ［M］. Psychology Press, 2006: 265 – 292.

［69］ N. J Foss. Realism and Evolutionary Economics ［J］. Journal of Social and Evolution System, 1994, Vol. 17, No. 1.

［70］ Obstfeld Maurice. The Logic of Currency Crises ［J］. Cahiers économiques et monétairs, Bank of France, No. 43, 1994: 189 – 213.

［71］ Paul Krugman. Balance Sheets, the Transfer Problem, and Financial Crises ［J/OL］. Mimeo, MIT. http: //web. mit. edu/krugman/www/FLOOD. pdf, January 1999b.

［72］ Paul Krugman. Balance sheets, transfer problem, and financial crises ［J］. the International Tax and Public Finance, 1999, 6 (4): 459 –

472.

[73] Paul Krugman. A Model of Balance-of-Payments Crises [J]. Journal of Money, Credit, and Banking, 1979, 11 (3): 311 – 325.

[74] Reinhart & Rogoff. Is the 2007 U. S. sub-prime financial crisis so different? An international history comparison [R]. NBER Working Paper, 2008, No. 13761.

[75] Reinhart C M, Rogoff K S. Is the 2007 US sub-prime financial crisis so different? An international historical comparison [J]. American Economic Review, 2008, 98 (2): 339 – 344.

[76] Reinhart C M, Rogoff K S. Is the 2007 US sub-prime financial crisis so different? An international historical comparison [R]. National Bureau of Economic Research, 2008.

[77] Reinhart, Carmen and Kennerth S. Rogoff. Is the 2007 Subprime Financial Crisis So Different [J]. An International Historical Comparison, 2008 Feb. Draft.

[78] Sanfey A. Social decision-making: Insights from game theory and neuroscience [J]. Science 2007, 318 (5850): 598 – 602.

[79] S. Johnson, P. Boone, A. Breach and E. Friedman. Corporate governance in the Asian financial crisis [J]. Journal of Financial Economics, 2000 (58): 141 – 186.

[80] Taylor, John B. the financial crisis and the policy responses: Anempirical analysis of What Went Wrong [R]. NBER Working Paper, 2009, No. 14631.

[81] Teslik, L. H. Interview, Martin Wolf, The deeproots of the financial crisis [J/OL]. 2008, http: //www. cfr. org/publication/17553/.

[82] Thaler R H, Sunstein C R. Nudge. Improving decisions about health, wealth, and happiness [M]. YaleUniversity Press, 2008.

[83] Wallison, P. J. Deregulation and the financial crisis: An-other urban myth [J/OL]. AEI Financial Services Outlook, 2009, available at:

www. aei. org/doclib/10 FSO Oct-g. pdf.

[84] Williamson O. E.. Strategy research: Governance and competence perspectives [J]. Strategy Management Journal, DEC 1999, 20 (12): 1087 – 1108.